名誉主编 / 饶宗颐

经典之门

文学篇

康震　陈致等 / 著

图书在版编目（CIP）数据

经典之门.文学篇/康震等著.--北京:华夏出版社,2019.10
ISBN 978-7-5080-9756-5

Ⅰ.①经… Ⅱ.①康… Ⅲ.①古籍－汇编－中国 ②中国文学－古典文学作品综合集 Ⅳ.① Z422 ② I212.01

中国版本图书馆 CIP 数据核字（2019）第 093129 号

著作财产权人 ©2017 中华书局（香港）有限公司

本书中文繁体字版本由中华书局（香港）有限公司在香港出版，今授权华夏出版社在中国大陆地区出版其中文简体字版本。该出版权受法律保护，未经书面同意，任何机构与个人不得以任何形式进行复制、转载。

版权所有　翻印必究
北京市版权局著作权合同登记号：图字 01-2018-7345 号

目录

序

饶宗颐 序／中国梦当有文化作为 ... 001

陈耀南 序／中华经典古，今人惠泽新 ... 007

李焯芬 序／现代人为什么要读经典 ... 011

诗词类

《诗经》导读
《诗》为谁歌？ 陈致 ... 002

《楚辞》导读
绮丽浪漫，哀婉深情 陈炜舜 ... 030

《唐诗三百首》导读
童蒙皆能诵唐诗 康震 ... 068

《宋词三百首》导读

宛丽端雅话宋词　康震 —— 076

《元曲三百首》导读

一代有一代之文学　康震　向铁生 —— 084

小说类

《搜神记》导读

鬼怪异闻「信史」录　赖庆芳 —— 092

《世说新语》导读

一往情深：论《世说新语》中的社会结构、思想变迁及生命之痛苦　陈岸峰 —— 114

散文笔记类

《梦溪笔谈》导读
  知识爆发时期的理性产物　冯锦荣 —— 154

《东坡志林》导读
  幽默中显刚正：谈《东坡志林》成书与苏轼的处世哲学　梁树风 —— 184

《徐霞客游记》导读
  跋涉天涯一奇人　郑培凯 —— 202

《古文观止》导读
  古文不古　万古常新　黄坤尧 —— 234

各类别下之经典按其成书时代排序。

蒙学类

《三字经·百家姓·千字文》导读

　　为学者必有初　区志坚　　256

跋

　　为读者开启通往传统经典的大门　　305

饶宗颐 序

中国梦当有文化作为

二十一世纪是我们国家踏上"文艺复兴"的新时代,中华文明再次展露了兴盛的端倪。我们既要放开心胸,也要反求诸己,才能在文化上有一番"大作为",不断靠近古人所言"天人争挽留"的理想境界。

二〇〇一年,我在北京大学的一次演讲上预期,二十一世纪是我们国家踏上"文艺复兴"的新时代。而今,进入新世纪第二个十年,我对此更加充满信心。

现在都在说"中国梦",作为一个文化研究者,我的梦想就是中华文化的复兴。文化复兴是民族复兴的题中之义,甚至在相当意义上说,民族的复兴即是文化的复兴。"天行健,君子以自强不息。"我们的文明,是世界上唯一没有中断过的古老文明。尽管在近代以后中国饱经沧桑,但历史辗转至今,中华文明再次展露了兴盛的端倪。

推动文化的复兴,我辈的使命是什么?我以为,二十一世纪是重新整理古籍和有选择地重拾传统道德与文化的时代,当此之时,应当重新塑造我们的"新经学"。我们的哲学史,由子学时代进入经学时代,经学几乎贯彻了汉以后的整部历史。但五四运动以来,把经学纳入史学,只作史料看待,未免可惜，也将经学的现实意义降到了最低。现在许多简帛记录纷纷出土，过去自宋迄清的学人千方百计求索梦想不到的东西，而今正如苏轼所说"大千在掌握"。我们应该如何善加运用，重新制订新时代的"经学"，并以之为一把钥匙，开启和光大传统文化的宝藏？长期研究中，我深深感到，经书凝结着我们民族文化之精华，是国民思维模式、知识涵蕴的基础，是先哲道德关怀与睿智的核心精义、不废江河的论著。重新认识经书的价值，在当前有着重要的现实意义。甚至说，这应是中华文化复兴的重要立足点。

"经"的重要性自不待言。因为它讲的是常道，树立起真理标准，去衡量行事的正确与否，取古典的精华，用笃实的科学理解，使人的生活与自然相协调，使人与人之间的关系臻于和谐的境界。经的内容，不讲空头支票式的人类学，而是实际受用有长远教育意义的人智学。

"经"对现代社会依然很有积极作用。汉人比《五经》为五常，《汉书·艺文志》更把《乐》列在前茅，乐以致和，所谓"保合太和"，"致中和，天地位焉，万物育焉"，"和"体现了中国文化的最高理想。五常是很平常的道理，是讲人与人之间互相亲爱、互相敬重、团结群众、促进文明的总原则。在科技发达、社会巨变的时代,如何不使人沦为物质的俘虏,如何走出价值观的迷阵,求索古人的智慧,应能收获不少有益启示。

西方的文艺复兴运动,正是发轫于对古典的重新发掘与认识,通过对古代文明的研究,为人类知识带来极大的启迪,从而刷新人们对整个世界的认知。中国近半个世纪以来地下出土文物的总和,比较西方文艺复兴以来考古所得的成绩,可相匹敌。令人感觉到有另外一个地下的中国——一个在文化上鲜活而又厚重的古国。对此,我们不是要照单全收,而应推陈出新,与现代接轨,把前人保留在历史记忆中的生命点滴和宝贵经历的膏腴,给予新的诠释。这正是文化的生命力所在。

二十世纪六十年代,我的好友法国人戴密微先生多次说,他很后悔花了太多精力于佛学,他发觉中国文学资产的丰富,世界上罕有可与伦比。现在是科技引领的时代,但人文科学更是重任在肩。老友季羡林先生,生前倡导他的天人合一观。以我的浅陋,很想为季老的学说增加一小小脚注。我认为"天人合一"不妨说成"天人互益"。一切的事业,要从益人而不损人的原则出发,并以此为归宿。当今时代,"人"的学问比"物"的学问更关键,也更费思量。

作为一个中国人,自大与自贬都是不必要的。文化的复兴,没有"自觉""自尊""自信"这三个基点立不住,没有"求是""求真""求正"这三大历程上不去。我们既要放开心胸,也要反求诸己,才能在文化上有一番"大作为",不断靠近古人所言"天人争挽留"的理想境界。

郑炜明博士整理
载《人民日报》二〇一三年七月五日五版

陈耀南 序

中华经典古，今人惠泽新

现在,几乎人人都有一部智能手机,日新月异、奇妙无比了,还读什么"经典"——尤其是中国的经典?

是的,近代中国的学术文化,比起西方先进,表现了若干方面的落后;不过,有史以来,中国也曾有不少超前——而且,无可否认,有些还具备永恒价值,可说万古常新。谁说中国人不能"穷、变、通、久","贞下起元",再开新路?

中国是如此广土众民,历史持续而悠久,影响深远而重大——所谓"文化""文明""开物成务""兴神物以前民用"……所谓"志道、据德、依仁、游艺","知命守义","忠恕"……所谓"有无相生""正反相成""致虚守静""见素抱朴"等等出于华夏哲人,以至初兴于天竺而发扬光大于中土高士的"五蕴皆空""慈悲喜舍",减除因生死人我差别而致的大苦大痛,种种现代更觉迫切珍贵的智慧理念,就是出于或者持久普及于中国经典。对这一切,我们怎可视而不见、习而不察、有而不珍?今日今时,凤凰火浴,重新振起,腾飞世界,造福人类,岂不是有心人之所同盼、有目人之所共睹?

更何况,即使"世界市场"之类意义暂且不谈,"中文""中国",对我们来说,毕竟是水之有源、木之有本,谁可以——怎可以——真的斩断?

所以，中华文化经典，不可不爱护、学习，不可不继承、推广！

所谓"经典"，就是经历了无数考验，仍是大家心悦诚服、可资指导言行的文字记载。泛观博览、精细研究这些记载，我们可以了解人性人情、洞明世务（特别是中华文化精神），于是知所选择继承、发扬光大；并且，目染耳濡，用语行文，我们提升了吸收与表达能力，增加了智慧与乐趣——这些，我们可以从三方面再加阐发：

首先，"天地之大德曰生"——"德"者，性能、作用——作为万物之灵的人类，更能理性自觉地、不懈追求幸福地生存与进步。为此，物质与精神各方面的生活质素就得以继续提升，表现为器材技艺、经济政治、法律道德、哲学宗教等等，由外在而内心的种种文化现象与成绩，而记录于人类特有的文字，集结、精选，就成为"经典"，此其一。

其次，在文化的累积与发展中，人们研究、发现、掌握多变现象背后不变（起码是相对稳定）的道理规律，于是执简驭繁，这就是中国古人所谓"易简而天下之理得"——诸如：友爱亲情之可珍、斗争仇恨之可惧、良辰好景之可幸与可喜、天道命运之可信或可疑。诸如此类，是否"太阳之下无新事"？是否不管如何，都"前事不忘，后事之师"？此其二。

第三，"时有古今，地有南北，字有更革，音有转移，亦势所必至"，明朝学者陈第的专业心得也好，希伯来古代智慧"巴别塔"典故的喻示也好，人类语文的演化与分歧，是人所共知的事实。不过，人又有神奇的学习与沟通能力，透过翻译和解说，古与今，中与外，隔膜就得以消除，文化就得以交流、承继。特别是我们的汉字中文，"金入洪炉不厌频"，经过百多年来严苛的怀疑、轻蔑、考验、批评，它难得的精简与稳定特质，与口头汉语适切配合的优点，理应更受珍视。透过视野的扩大与适当的更新，认真而合时的译解，文、史、哲、教种种范畴的华夏经典，垂世行远，光大发扬，就在于今日！

中华书局（香港）有限公司"新视野中华经典文库"，数载有成，业绩彪炳，现在把"文库"中五十种书的导读合编为一集，以利参考、观览，就如从上古到近世《七略·六艺志》《隋书·经籍志》《四库提要》的贡献与功能，实在是嘉惠士林、功在社会。笔者有附骥之荣，谨致芜辞，诚为之贺！

陈耀南于悉尼
二〇一六年五月三十日

现代人为什么要读经典

李焯芬 序

英国牛津大学有位历史学家,名叫汤因比(Arnold Toynbee,一八八九——一九七五)。他著作等身,代表作是十二卷的《历史研究》(*A Study of History*);书中深入分析了人类文明的历史进程。学界一般认为他是二十世纪最伟大的历史学家。二十世纪七十年代,汤因比在他晚年的一些著作和访谈中,不时谈到他对二十一世纪人类社会的一些预测和忧虑。他在分析文明史的基础上,预见到二十一世纪的人类社会科技不断进步,物质生活非常丰富;但人会变得越来越以自我为中心,越来越自私,物质欲望不断膨胀。这将对地球的自然资源造成越来越大的压力;而人与人之间、族群与族群之间的冲突亦越来越尖锐。从人类文明可持续发展的角度看,汤因比认为二十一世纪的人类社会需要重新审视并践行中国传统文化的价值观,特别是儒家思想与大乘佛教。

四十年后的今天,我们重温汤因比的这些预言,不无感触。过去的教育,既重视知识的传播,亦同时重视人的教育,特别是品德的熏陶。今天的教育,基本上以知识教育为主导。知识的不断膨胀,造成了越来越多的新科目,以及永远也教不完的新课程。展望将来,网络教育(e-learning; mobile learning）的比例会越来越重。同学们忙于低头看他们的手机或iPad，从中汲取他们所需要的各种知识或讯息。君不见：一家人外出吃顿饭，各人在饭桌上往往忙于看自己的手机，闲话家常式的分享明显减少了。不少教育界的同工对如何在网络时代推行德育（或人的教育）感到困惑。这不啻是汤因比所预见的现代人越来越以自我为中心、人与人之间关系越来越疏离的现象。汤因比的命题是现代人如何在物质文明与精神文明之间取得更合理的平衡。从现代教育的角度看，则是如何在知识教育与人的教育之间取得更合理的平衡。

汤因比认为人类社会要持续发展，就必须处理好这些失衡的现象。而儒家思想和大乘佛教正可以帮助二十一世纪的人类社会在物质文明与精神文明之间取得更均衡、更和谐的发展；从而让现代人生活得更有智慧、更称意、更自在。我们回顾中古时代的欧洲，文艺复兴让当时的欧洲人生活得更有智慧，思想更开放和活跃，因而成就了后来的工业革命、科技不断进步和强大的欧洲。正如饶宗颐教授所指出的，促进欧洲文艺复兴的正是欧洲人对重新研读古希腊、罗马经典的兴趣和热潮。欧洲人从经典中得到了无穷智慧以及发展的动力。

就在这个有趣的历史时刻,基于出版人的文化使命感和社会承担,中华书局(香港)有限公司出版了一套五十本的"新视野中华经典文库";并把每本的导读抽出、结集成为这套名为《经典之门:新视野中华经典文库导读》的集子,作为阅读经典的入门书。书中的每一篇经典导读,均是针对现代人对经典智慧的需求而写成的,因此既具现代视野,亦契合现代人的需要。

汤因比预见了中华经典智慧对社会的价值。从个人的角度看,中华经典智慧亦能帮助现代人更好地面对社会的种种压力,妥善处理好各种矛盾,从而让大家生活得更称意、更自在。我们今天的社会,竞争比以前更激烈,生活和工作压力比以前更大。单以香港为例,二十世纪六七十年代的香港只有二三千大学生。今天香港大学生逾十万。不但毕业后找工作比从前难,连升职亦比从前难。我们的许多大学毕业生,很少有下午五点钟下班的,经常是傍晚七点或更晚才能下班。有人回家以后还要用手机或计算机继续工作。中华经典中有不少人生智慧,可以帮助我们更坦然地应付这些生活和工作中的压力和挑战,更善巧地处理好人际关系,帮助我们走上事业成功的坦途,同时获得别人的尊敬、精诚合作和支持。换句话说，研习中华经典，可以补现代知识教育的不足，让我们除了现代专业知识之外，还具有人生智慧，懂得待人接物，事业上更成功，生活得更幸福快乐。

中华经典智慧，无论是对人类社会的未来，抑或是对个人的成功和幸福，都具有巨大的价值和意义。

香港大学饶宗颐学术馆馆长　李焯芬
二〇一六年六月

《诗经》导读

《诗》为谁歌？

陈致

香港浸会大学饶宗颐国学院院长、
文学院署理院长、中文系讲座教授

一、《诗》之为"经"

《诗经》又名《诗》《诗三百》《三百篇》，是中国古代最早的诗歌集子。最初，《诗经》就称作《诗》。春秋时期，孔子教训他的儿子孔鲤时说："小子何莫学夫《诗》？《诗》可以兴、可以观、可以群、可以怨。迩之事父，远之事君，多识于鸟兽草木之名。"孔子只称之为"诗"，而不是"诗经"。那《诗经》的名称是什么时候出现的呢？东汉的班固在《汉书·艺文志》中已经明明白白提到，"《诗经》二十八卷，鲁、齐、韩三家"。《诗经》之名，似乎已经明列其中。但今人如屈万里先生认为，这里断句应该是："《诗》，经二十八卷，鲁、齐、韩三家。"并且认为，《诗经》真正作为书名，是晚到宋代的廖刚写《诗经讲义》一书的时候。[①] 屈先生的解释固有其道理，但我们不同意此说。战国文献如《礼记·经解》提到"述六经"，这六经当然也包括《诗经》，《庄子·天运》也提及"六经"，《庄子·天道》言及十二经，《庄子·天下》又云："俱诵《墨经》，而倍谲不同。"在这些先秦的文献中，《诗经》之名虽未

---

① 屈万里：《诗经诠释》（台北：联经出版事业股份有限公司，二〇〇二年），《叙论》，页三。

直接出现，但已经是琵琶在抱，呼之欲出了。

我认为，《诗经》之名，实际上在汉代已经出现。《史记·儒林列传》记载，申公教授《诗经》，"弟子自远方至受业者百余人。申公独以《诗经》为训以教。无传，疑者则阙不传"。其弟子王臧、赵绾，皆由于修习《诗经》而飞黄腾达，王臧做了太子的老师，赵绾官至御史大夫。这里所说的"申公独以《诗经》为训以教"，已经明确地提出了《诗经》之名。东汉王充在《论衡·正说》中说："或言秦燔《诗》《书》者，燔《诗经》之'书'也，其经不燔焉。"《诗经》之名在汉代似乎并不少见。最诡异的是晋代干宝在《搜神记》里面讲的一个故事：

> 汉谈生者，年四十无妇。常感激，读《诗经》。夜半，有女子年可十五六，姿颜服饰，天下无双，来就生为夫妇之言，曰："我与人不同，勿以火照我也。三年之后，方可照耳！"

这也许是古语"书中自有颜如玉"较早的故事来源。后来，谈生不听这女子之言，未满一年，就用火烛照她，结果二人终至仳离。这故事情节很像是古本的《白蛇传》。到唐太宗时，孔颖达作《毛诗正义》，已经屡屡提到"诗经"一词。所以，可以说在汉代已经有了《诗经》的名称。

但是，两汉时期，对《诗经》最常见的称名并不是"诗经"，而是"韩诗""齐诗""鲁诗"和"毛诗"。前面三者并称为"三家诗"，是靠老师对学生面提指授，口耳相传，在西汉时用当时的流行文字书写下来的，所以属于"今文经"。后者是西汉景帝时河间献王刘德从民间搜罗发现的古本，故称为"古文经"。据《史记·乐书》记载："至今上（汉武帝）即位，作十九章，令侍中李延年次序其声，拜为协律都尉。通一经之士不能独知其辞，皆集会五经家，相与共讲习读之，乃能通知其意，多尔雅之文。"可见汉武帝时立"五经"博士，《诗经》已在其中了。我们现在所知道的是，齐鲁韩三家诗在汉武帝以前已经设博士，立于学官，但最后流传下来的却是毛诗，主要是东汉大儒郑玄为《诗经》作笺，就以毛诗为本，参合了多家意见。郑笺流行之后，三家诗便逐渐失传。隋唐开始科举取士，要核定五经的文本，唐太宗时乃令颜师古在秘书省考定五经，令孔颖达作正义，令陆德明作音义。今天所谓的《诗经》就是唐代颜师古所定的文本。[①]近年来，又有一些从战国晚期到汉代的与《诗经》相关的文本出现，如清华大学所藏竹简中的《耆夜》《周公之琴舞》；上海博物馆竹简《孔子诗论》《缁衣》；郭店楚简和上海博物馆竹简《缁衣》引诗、阜阳双古堆汉简《诗经》、汉代熹平石经鲁诗残石等，可以看到很多《诗经》的异文和对诗旨的解释。这些资料又丰富了我们对《诗经》的认识。

二、《诗经》的《国风》部分到底是不是民歌

我们读文学史的时候，总会看到"《诗经》是最早的诗歌总集"，其中《国风》部分大多数是民歌的说法。我记得印象最深的是鲁迅的话：

> 文学的存在条件首先要会写字，那么，不识字的文盲群里，当然不会有文学家的了。然而作家却有的。你们不要太早的笑我，我还有

---

① 《旧唐书》（北京：中华书局，一九七五年）卷七十三，页二五九四。

话说。我想，人类是在未有文字之前，就有了创作的，可惜没有人记下，也没有法子记下。我们的祖先的原始人，原是连话也不会说的，为了共同劳作，必需发表意见，才渐渐的练出复杂的声音来，假如那时大家抬木头，都觉得吃力了，却想不到发表，其中有一个叫道"杭育杭育"，那么，这就是创作；大家也要佩服，应用的，这就等于出版；倘若用什么记号留存了下来，这就是文学；他当然就是作家，也是文学家，是"杭育杭育派"。不要笑，这作品确也幼稚得很，但古人不及今人的地方是很多的，这正是其一。就是周朝的什么"关关雎鸠，在河之洲，窈窕淑女，君子好逑"罢，它是《诗经》里的头一篇，所以吓得我们只好磕头佩服，假如先前未曾有过这样的一篇诗，现在的新诗人用这意思做一首白话诗，到无论什么副刊上去投稿试试罢，我看十分之九是要被编辑者塞进字纸篓去的。"漂亮的好小姐呀，是少爷的好一对儿！"什么话呢？

鲁迅本是杂文家，这一段话收在他的《门外文谈》中。其实本是一时兴到之言，未必经意。但殊不知随着他老人家身后地位陡升，他这些不经意的话竟也成了金科玉律。从四十年代以后，但凡讨论诗歌的起源、《诗经》和古代民歌，大家都喜欢从鲁迅的这段话说起。说："诗歌起源于劳动号子"，"《诗经·国风》大都是民歌"，"《诗经》里面爱情诗主要在《国风》里面，其中多是民歌"。即如鲁迅所举的《诗经》的第一篇《关雎》，很多现代的注诗家都说是"民歌"。其实鲁迅本人都说了这诗的"窈窕淑女，君子好逑"两句的意思是"漂亮的好小姐呀，是少爷的好一对儿！"诗里面，一会儿说"琴瑟友之"，一会儿说"钟鼓乐之"，钟鼓、琴瑟无论是在周代还是后代，都是十分贵重的物品，显然不是平民所能拥有的。但现在还是有不少学者认为"这是歌颂农村青年男女自由恋爱结合的贺婚诗"。[①] 如果一个农村男青年一心想着要用钟鼓、琴瑟来取悦农村女青年，恐怕不是"心怀异志"，便是精神恍惚了。

宋代出现了疑经的风气，郑樵、朱熹等因而提出了有别于古的《风》诗来源于民间的学说。到二十世纪上半叶，疑古之风复兴，魏建功和闻一多

---

① 张树波：《国风集说》（石家庄：河北人民出版社，一九九三年），页一二——三。

在三四十年代是支持这流行学说的代表人物。从二十世纪早期开始,《诗经》中《国风》起源于民歌的说法,便得到知识界的广泛认同。西方汉学界中,《国风》出自民歌,也是大家普遍接受的看法。法国汉学家 Marcel Granet（葛兰言）一方面受西方诗经学中流行观念的影响,另一方面,又受其师社会学大师涂尔干（Emile Durkheim）的研究方法的影响,从一开始即试图从初民的宗教、节日、习俗入手,为《诗经》定位。葛氏仔细研究《诗经》中的《风》诗,且翻译了当中的六十八首,具体标明哪一句是男声唱的,哪一句是女声唱的,从而得出结论,认为《风》诗的语言特征,如诗句的对称、词汇的重复、诗行的并列,凡此等皆表明这些诗本是农业节日期间,农民在进行节奏性活动时,即兴唱出的歌曲和表演的舞蹈,《诗经》中的诗篇很多都保留了当时初民于节庆时唱和的语言形式特点。

　　西方学者和日本学者对此问题的研究,与多数中国学者是一致的。他们大都认为《诗经》特别是《国风》中大部分的诗,其最初均为低下阶层的歌曲,如乡村的农夫、猎人、牧人、下层士人和年青的恋人。但是,如果我们对《诗经》中的十五《国风》做一仔细的观察,便会见到与上述不同的状况。

我曾经仔细考察《诗经·国风》的诗篇,从诗中所出现的贵族称谓和被称的贵族、居处、公事与其他贵族事务、仆从、服饰车马武器、贵重礼器、商周铭文与文献之习用语等多方面来判断,发现《国风》中绝大多数诗仍是贵族作品,所反映的也是贵族生活,其中爱情诗也多与贵族有关。

《国风》中贵族称谓和被称的贵族的词语如"师氏""公侯""公孙""公子""公族""君子""淑女""吉士""驺虞""先君""寡人""诸姬""邦之媛""大夫""庶姜""司直""良士""齐之姜""宋之子",都在在显示这些诗出于贵族文人之手,其他还包括一些具体人物,如"郇伯""周公""有齐季女""召伯""王姬""平王""齐侯""仲氏任""孙子仲""孟姜""卫侯""东宫""邢侯""谭公""留子""大叔""齐子""穆公""夏南"等等,也在诗中有提到。

从居处来看,如"王室""宗室""公宫""我畿""中冓""上宫""楚宫""公所",所反映的也是上层贵族的生活。诗中还不断提到一些"公事与其他贵族事务",如"万舞""锡爵""王事""执簧""执翿""射侯""鼓瑟""从公于狩""于田""兴师""每食四簋""值其鹭羽""驾我乘马""狐裘以朝""何戈与祋""其弁伊骐""跻彼公堂""朋酒斯飨"等等。还有很多服饰车马仆从武器等都不是平民所能拥有的，如"我马""百两""狐裘""衮衣绣裳""赤芾""副笄六珈""象服""騋牝三千""良马四之""充耳琇莹""会弁""四牡""佩玉""琼琚""我仆""毳衣""缁衣""衣锦褧衣""琼华""簟茀朱鞹""象掷""朱襮""羔裘豹袪""锦衾""驷驖""鞗车鸾镳""骐馵""虎韔镂膺""骐駵""骝骊""龙盾""文茵""黻衣绣裳""琼瑰玉佩""素韠""皇驳其马""两骖""两服""驷介""赤舄"；此外还有一些贵重礼器，如"金罍""兕觥""钟鼓""琴瑟""路车乘黄"。另外，还可以持以参证的是，《国风》中也使用了一些商周铭文中常见的与祭祀有关的套语，如"公侯腹心""福履绥之""夙夜在公""威仪棣棣""德音莫违""寿考不忘""君子至止""万寿无疆""以介眉寿"等等，不能一一列举。当然，不是说只要诗中一出现这一类的词语，就说明这首诗是贵族的，平民也完全可以说一些这一类的词语。我想这是一个综合的判断。比如《郑风·缁衣》第一章说："缁衣之宜兮！敝，予又改为兮。"缁衣是一种黑色的衣服，周代贵族用为朝服，

《礼记·缁衣》是明证。由此判断，这首诗应该是贵族文人的作品。但是，《韩非子·说林下》中提到杨朱之弟杨布"衣素衣而出，天雨，解素衣，衣缁衣而反"。这里的"缁衣"指一般的黑色衣服。或者有人会说仅凭"缁衣"一词，不能断定这首诗出于贵族之手。但是如果结合下文的"授子之馆"等语，再联系前后的诗章，我们认为此诗就不太可能与民歌有什么关系。

综合这些因素来看，《国风》中的诗歌可以断定大多与周代的贵族文人的生活息息相关，除了一些不能确定的以外，绝大部分属于贵族文人作品。以我的观察，在一百六十一首《风》诗中，其所占的比重大约是百分之七十。其余少数则无法判定性质，但也未必就是民歌。

自宋代以来，学者就注意到《国风》中的《郑风》和《卫风》保存了大量的以情爱为主题的诗歌，朱熹每每从道学家的立场说："此淫奔之诗也。"其实情爱不能说明其民歌的性质。不管有钱没钱，身份高低，男女情爱都是生命中一个永恒的主题。魏文侯曾经问孔子的学生子夏："吾端冕而听古乐，则唯恐卧；听郑卫之音，则不知倦。敢问：古乐之如彼何也？新乐之如此何也？"春秋时期的所谓新乐，主要指的一是郑卫之音,一是四夷之乐。而我认为所谓"新乐"并不全新,而"郑卫之音"中恰恰蕴含了不少郑卫地区,也就是殷商故地的古乐。无怪乎宋玉在《招魂》中称其为"郑妖"①,这种绮丽侈靡的音乐,岂是乡间平民玩得起的?

《韩非子·十过》记载了这样一个故事:卫灵公携其乐官师涓去晋国,行至濮水之上,半夜听到乐声觉得非常好听,于是让师涓"听而写之",也就是记录下来。到了晋国以后,卫灵公向晋平公和晋国乐官师旷夸耀"有新声,愿请以示"。于是师涓用琴演奏,但演奏到一半的时候被师旷制止。师旷说这是商末的乐官师延为纣所作的"靡靡之乐",武王灭商之后,师延自投于濮水,所以这是亡国之音。② 如果剔除其中的传说成分,这个故事也许透露了殷商旧乐在其故地郑卫之间部分地流传下来。《释名·释乐器》中明确地记载:"箜篌,此师延所作靡靡之乐也。后出于桑间濮上之地。盖空国之侯所存也。师涓为晋平公鼓焉。郑、卫分其地而有之。遂号'郑

---

① 王逸:《楚辞补注》,《四部备要》本,卷九十二,页一二。
② 陈致:《从礼仪化到世俗化:〈诗经〉的形成》(上海:上海古籍出版社,二〇〇九年),第五章、四、商音的化石化与风诗的传播,页三〇二—三一六。

卫'之音，谓之'淫乐'也。"①

那么这些桑间濮上的音乐和诗歌能否算是民歌呢？

三、《诗经》三颂的时代

《诗经》三百篇究竟是什么时代的作品？这个问题自古以来就歧见纷出，莫衷一是。《毛诗》序传的作者据说是战国时赵国人毛亨和汉初的毛苌，他们把很多诗都推到文王、周公时期，并且认为大部分的诗都是有政治意涵的，与美刺比兴的艺术手法结合起来，总是关乎儒家的政治理念和国运的兴衰，所以每一首都与特定的历史时期、历史人物或事件联系起来。现在看起来，当然是很成问题的。今本《诗经》里面包括《国风》《雅》《颂》三大部分。在上海博物馆竹简中，这三大部分依次为《讼》《夏》《邦风》。各部分均与音乐有着密不可分的关系。《墨子·公孟》说："诵诗三百，弦诗三百，歌诗三百，舞诗三百。"《史记·孔子世家》中也提道："三百五

---

① 《释名》，《四部备要》本，卷七，页二八。

篇孔子皆弦歌之。"都说明《诗经》是可以配乐的。如果说十五篇《国风》大多出自周王朝所属各国和各地区的音乐和诗歌，那么《诗经》中《雅》《颂》部分可以说更是与周王朝直接相关的音乐与歌诗。孔子曾说："吾自卫返鲁，然后乐正，《雅》《颂》各得其所。"（《论语·子罕》）故《雅》《颂》之名原不仅是诗体之名，也是音乐体式。唐孔颖达《毛诗正义》："诗各有体，体各有声，大师听声得情，知其本义。"宋代郑樵、程大昌等则以为《风》为地方之乐，《雅》为朝廷之乐，《颂》为宗庙之乐。近代一些学者如张西堂也曾研究《诗经》的音乐特性，比如张氏认为"颂"是一种叫"镛"的乐器。① 不过，现代很多《诗经》研究者并不接受这一说法。② 这一理论虽由张西堂提出，但其理论根基可以追溯到汉代的郑玄和宋代的《诗经》学者。以前人的这些研究为基础，我曾详细论证，所谓周、鲁、商三颂，是源于商代的青铜乐钟——庸和商代音乐体式——"庸奏"。③

---

① 张西堂：《诗经六论》（上海：商务印书馆，一九五七年），页一一四—一一五。
② 陈子展：《诗经直解》（台北：书林出版社，一九九二年），页四。
③ 陈致：《万舞与庸奏：商代祭祀乐舞与〈诗经〉中的颂》，《中华文史论丛》二〇〇八年第四期，页二三—四七。

最近，香港御雅居所收的一件晚商铜尊，上面的铭文讲到了商王（很可能是商纣王）的一次婚礼，其中有商代乐舞"万舞"和商代音乐"庸奏"，铭文如下：

辛未妇嬉宜才（在）寤大室王乡（飨）酉（酒）奏庸新宜畎（畎）才（在）六月鱼由十终三朕（腾）袭之同王赏用乍（作）父乙彝大万。①

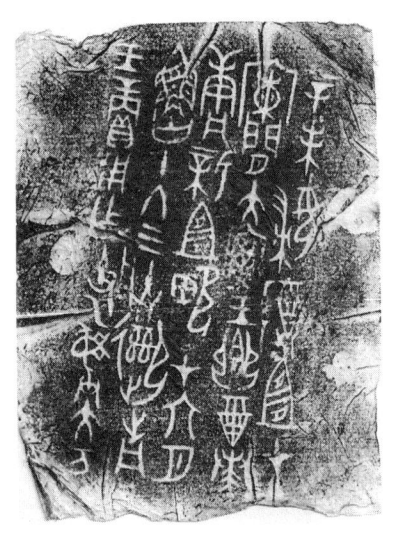

晚商铜尊铭文（高8.7厘米）

---

① 此铭释文虽为己见，但曾向李学勤、刘钊、沈培、陈剑、董珊请益，当然错误概由本人负责。

以上铭文若翻译成白话,就是:

> 辛未之日,某国之公主来大婚,在寓宫之大室。商王因赐以酒,并决定新婚用庸奏之乐来行礼。最初婚礼乃于六月,奏"鱼由(罟)"(或"鲁")十段。另外有三女陪嫁,亲迎则同。商王行赏,因作父乙尊,并伴之以大舞"万"。①

这段铭文多少印证了一些推断:庸为商人的青铜乐钟名,同时也是商人的礼乐,应该是诗乐舞三位一体的。裘锡圭《甲骨文中的几种乐器名称》一文,及文末所附《释万》一文指出,周代"万舞"实源自商代祭祀乐舞。② 笔者进一步认为:

> 从甲骨文资料来看,万舞与庸奏往往相伴进行。庸为商代贵族使用的青铜乐钟,在商代中晚期亦指一种音乐、舞蹈、乐歌相伴进行的用于祭祀的乐舞形式。由"庸"与"颂"的字

---

① 关于铭文释文的详细论证,见待刊拙文《新出商尊铭文试释》。
② 裘锡圭:《甲骨文中的几种乐器名称》附《释万》,《中华文史论丛》一九八〇年第二辑(总第十四辑),页八一,注五。

源来看，此庸奏乐舞后来演变为《诗经》中的三颂。最初庸奏和万舞都在商代祭祀中用于迎神娱神，此即甲骨文中常见的"宾"祭。故颂这种诗歌音乐舞蹈体式，实源自商代祭祀所用的万舞与庸奏。①

亚弜庸（李纯一《中国上古出土乐器综论》，图13）

甲骨文中的"庸"（𤰞、𤰞、𤰞、𤰞）不仅指商代的某种乐钟，也可能指某种舞蹈，或亦有可能是某种音乐表演形式。我认为"庸"为金文"颂"的前身，"颂"是周人的词汇，周人用以冠名一种源自殷人的祀祖的礼乐。文献与新出土的资料都显示：周人早在灭商时期，就已使用"庸"这种乐器，并学会了"庸"的音乐表演。灭商以后，周人对"万"

---

① 陈致：《万舞与庸奏：商代祭祀乐舞与〈诗经〉中的颂》，《中华文史论丛》二〇〇八年第四期，页二三—四七。

舞和"庸"奏既加以采用,又进行了改造,并予以正名,以标榜其自身的文化,并建立其礼乐制度。"周颂"和"鲁颂"恰恰和商人的文化有着莫大的关联。周人在征服殷商前后,采用了许多殷人的文化和制度。他们对殷人乐器的借用,也可以由考古发现加以证明。在今陕西竹园沟出土了一件庸,其兽面纹与商代的庸惊人地相似。

鲁国的始封是周公之子伯禽,在各诸侯国中是唯一特许在禘祭中用天子礼乐的。故鲁僖公时代的四首诗,可以称为《鲁颂》。

《商颂》五篇是宋国的作品。宋的开国君主是商纣王的庶兄微子启,武王灭商以后,为安抚商遗民,故封微子于殷之故地——宋。史书记载,孔子的七世祖正考父是宋隐公的后代,生活在西周晚期到东周早期的戴、武、宣三朝。在《国语·鲁语》中,闵马父对子服景伯说[①]:

> 昔正考父校商之名颂十二篇于周太师,以《那》为首,其辑之乱曰:"自古在昔,先民有

---

① 韦昭(二〇四—二七三)认为闵马父和子服景伯都是鲁国人,并将此事系于鲁哀公八年(前四八七)。见《国语》(上海:上海古籍出版社,一九七八年),页二一六。

作。温恭朝夕，执事有恪。"①

这十二篇后来在毛诗中尚保留有五篇，就是我们看到的《那》《烈祖》《玄鸟》《长发》《殷武》。前两篇是描写祭祀殷人先祖的过程，后面三篇则为追溯殷商民族的史事。

《周颂》三十一篇，一般认为保留了《诗经》中时代最早的诗篇。在《诗经》各部分中，《周颂》有一个异于《诗经》其他部分的显著特点，就是其中很多诗都不入韵，据王力的拟音，全篇基本上无韵的诗有《清庙》《维天之命》《昊天有成命》《时迈》《臣工》《噫嘻》《武》《小毖》《酌》《桓》《般》等。②其中《昊天有成命》《时迈》《武》《酌》《桓》《般》极有可能是周初创制的《大武》乐章的歌词。③王国维曾解释说其诗不入韵是因为《周颂》的声调较缓。这个解释是不尽人意的。以西周金文与《周颂》诸

---

① 《国语》，页二一六。
② 王力:《诗经韵读》（上海:上海古籍出版社，一九八〇年），页三九〇一四〇一。
③ 我认为《大武》乐章实际经过了两次创制过程，第一次是在武王灭商（前一〇四六一前一〇四三）之前，第二次是在周公平定三监及淮夷之叛之后。详见 Chen Zhi, *From Ritualization to secularization: The shaping of the Book of Songs*, Sankt Augustin: Monumenta Sinica Institute, 2007, pp. 165–173.

诗比读，我发现西周金文大约也是在西周恭王时期（前九二二—前九〇〇）开始向韵文方向演变，而且在宣王时期更是出现了一种普遍入韵的倾向。其中《周颂》与金文中某些成语正是在韵文发展的过程中，为了入韵而生成的。比如西周中晚期常见的"永保用享""用享用孝""万寿无疆""眉寿无期"这一类的成语，是从早期的"永保用""用享""用孝""无疆""眉寿"等词变化而来。

从考古发现的乐钟和西周金文来看，《周颂》与金文四言成语的大量出现，以及两者在韵文中由无韵到杂韵、有韵的过程，几乎是同步的。这些并非历史的偶合。四言诗句的定型，以及入不入韵，实际上与西周乐钟的使用，以及音乐的发展有很大的关系。西周礼乐中最重要的乐器编甬钟，在西周穆王（前九七六 — 前九二二）时期以后才出现了《周礼》中所描述的八件一组、与编磬和镈共同使用的范式，也即穆王时期以后才真正使用乐钟正、侧鼓双音，构成四声音阶的旋律效果，青铜器铭文特别是钟镈铭文上长篇韵文的出现，恰恰是在这个时候。

我曾经考察《诗经·周颂》诸篇与西周金文在成语和习语中的使用，以及同步发展的现象，发现在西周中期以后，伴随着音乐的使用和祭祀礼辞的发展，中国的四言体诗开始逐渐形成，并且格式化。

我们现在常用的成语也有不少是在周代的宗教活动中产生的，比如"呜呼哀哉"一词，《周颂·访落》里写作"于（呜）乎（呼）悠哉"，而在西周早期青铜器吊趩父卣铭文中则为"乌（呜）虖（呼）悠敬哉"。从现有的资料来看，"乌虖哀哉"这句成语最早是出现在西周宣王（前八二七—前七八二）时期的铜器禹鼎上。

再如金文中"亡（无）彊（疆）"一词虽然在西周早期的辛鼎（《殷周金文集成》二六六〇）铭文中出现，曰："辛作宝其亡（无）彊（疆）"，但是定格化为后来的"眉寿无疆""万寿无疆""多福无疆""万年无疆"等成语成词，较早恐怕是在西周懿王、孝王时期的癲组及夷王、厉王时期的眉县杨家村逨组铜器上，最常见的格式是铭文最后以"万年无疆，子子孙孙，永宝用享"的祝嘏之辞收结，其用韵的特点很明显。二〇〇三年发现的眉县杨家村逨盘，四十二年、四十三年逨鼎铭文文末皆有"眉寿绾绰，畯臣天子，逨万年无疆，子子孙孙，永宝用享"之语，逨钟铭文则于文中云："肆天子多赐逨休，天子其万年无疆，耆黄耇，保奠（定）周邦，谏乂四方。"①

而上举这些"无疆"成语在《诗经》中亦多处可见，如"万寿无疆"(《豳风·七月》《小雅·天保》《小雅·南山有台》《小雅·楚茨》《小雅·信南山》《小雅·甫田》)，"寿考万年"(《小雅·信南山》)，"受福无疆"(《大雅·假乐》)，"申锡无疆""绥我眉寿，黄耇无疆""降福无疆"(《商颂·烈祖》)，"惠我无疆，子孙保之"(《周颂·烈文》)，上述例证虽不能说明这些诗篇的准确年代，但至少可以说明它们不太可能早于西周中晚期，也就是懿王（前八九九—前八九二）时期。事实证明，天子"万寿无疆"虽然只是一厢情愿，但"万寿无疆"这个成语还真是颇有生命力。

《诗经·周颂》中的多数诗，用韵与西周中晚期金文用韵和使用的成语大致相合。很有可能，这些诗篇与西周金文有密切关系。由此可以推断，《周颂》三十一篇并不像学者所认为的皆创作于武、成、康、昭时期，而除去不押韵的诸篇外，可能大多数

---

① 李零：《读杨家村出土的虞逨诸器》，《中国历史文物》二〇〇三年第三期，页一六；王辉：《逨盘铭文笺释》，《考古与文物》二〇〇三年第三期，页八八；董珊：《略论西周单氏家族窖藏青铜器铭文》，《中国历史文物》二〇〇三年第四期，页四〇—五〇。

产生于恭王以后的西周中晚期。

四、大小雅与史诗问题

《小雅》《大雅》部分的诗合称为《雅》，包含了以宗周（即周的都城）为中心的一百零五首诗。大小雅中最晚的诗篇可能是《小雅》中的《正月》《雨无正》和《十月之交》。在《正月》中，诗人提到"赫赫宗周，褒姒灭之"，这显然是指周幽王宠爱褒姒而导致宗周覆灭的事件。其时间是公元前七七一年。而《雨无正》一诗也提到此事，曰："周宗既灭，靡所止戾。""周宗"就是"宗周"，在西周金文和诗中都是指西周王朝的中心统治区域，以丰镐为中心，在今陕西省武功凤翔一带。[①]《十月之交》这首诗则提到了日食。根据这天象出现的时间，学者们断定这首诗应该指的是公元前七三五年，这次日全食在周疆域内的许多地方都可以观测到。[②]

---

① 陈致：《从礼仪化到世俗化：〈诗经〉的形成》，页二〇，注二。
② 张培瑜：《西周天象和年代问题》，陕西历史博物馆编：《西周史论文集》（西安：陕西人民教育出版社，一九九三年），页四二 — 五五；沈长云：《〈诗经〉二皇父考》，《王玉哲先生八十寿辰纪念文集》（天津：南开大学出版社，一九九四年），页一三九 — 一五一。

《小雅》七十四篇，其主题包括饮宴、祭祀、战争、劳役，基本上都出自贵族士大夫之手。其中"不无危苦之辞，亦以悲哀为主"。但同时，这些诗又都适用于礼乐场合，如《鹿鸣》《四牡》《皇皇者华》《鱼丽》，在周代的文献中就常用于贵族的飨、射和两君相见等礼仪中。① 这七十四首诗主要与上层生活有关，其主题集中在君主、卿士大夫、上层贵族，也许也有少数的下层文人的作品。从宴饮迎宾（《鹿鸣》《鱼丽》《南有嘉鱼》《湛露》《采芑》《頍弁》《宾之初筵》《鱼藻》《瓠叶》），描摹音乐场面（《鼓钟》）、祭祀（《常棣》《伐木》《天保》《蓼萧》《楚茨》），到征伐劳役（《四牡》《采薇》《出车》《杕杜》《六月》《车攻》《鸿雁》《黍苗》）；有些诗的内容是祝福平安寿考的（《南山有台》《瞻彼洛矣》《桑扈》《鸳鸯》），有君子相见的（《菁菁者莪》《庭燎》《隰桑》），有记述畋猎的（《采绿》），描述婚姻的（《车舝》），庆祝丰年（《信南山》《甫田》《大田》）和其他仪式（《采菽》）的；也有些诗则讽刺时政（《巷伯》《北山》《角弓》）和

---

① 王国维：《释乐次》，《观堂集林》（北京：中华书局，一九八一年），第二册，页一〇三——一〇四。

徭役(《渐渐之石》),还有表达对公务的疲惫(《小弁》《巧言》《大东》《青蝇》),对国事之多艰的感慨(《吉日》《沔水》《正月》《十月之交》《雨无正》《小旻》《四月》),对父母的感念(《蓼莪》),也有表达男女情爱(《谷风》《裳裳者华》《頍弁》《都人士》)与内心忧伤(《小宛》《何人斯》《无将大车》《菀柳》《白华》《苕之华》)的作品。在诗中,如皇父(《十月之交》)、司徒(《十月之交》)、师氏(《十月之交》)、膳夫(《十月之交》)、尹氏(《节南山》)、大师(《节南山》)都是西周时期的职官名称,很多可与西周直接的史料——金文相印证。而诗中也提到一些西周后期的著名人物,如尹吉甫、家父和祈父,这些都说明《小雅》大多数篇章成文于西周末到东周初。

《大雅》三十一篇,开篇就是《文王》《大明》《绵》这些叙述周人历史的较长篇幅的诗歌。一般认为这些都是周初的作品。然而,从这些诗歌的语言风格、用韵,包括所用的成语和诗篇的结构等方面来判断,认为它们是西周中晚期和东周早期之间的作品是较为合理的。① 在《大雅》三十一篇中,前

---

① 陈致:《〈大雅·文王〉篇所见〈诗经〉异文与金文成语零释》,《中国诗学》卷一四(二〇一〇年),页四四一六五。

半部从《文王》到《卷阿》是以赞颂为主,歌颂周人的祖先(《文王》《绵》《文王有声》《公刘》),功烈与德业(《思齐》《皇矣》),周族的始生(《文王》《大明》《绵》《生民》),天命(《文王》《绵》《皇矣》《下武》),宫室建筑(《灵台》),历史上重要的婚姻(《大明》《思齐》),以及在军事上的成就(《大明》《棫朴》),射礼和飨宴(《行苇》《既醉》《凫鹥》《假乐》《泂酌》)等等,基本上都是正面的。传统上称之为《大雅》之"正"。而与这些诗相对的,自《民劳》以下到最后的《召旻》,诗的主题大多是负面的,或苦于徭役与天灾(《云汉》《召旻》),或抱怨政事之失(《民劳》《板》),或控诉君上之失德(《荡》《抑》《桑柔》《瞻卬》),这些诗,古人称之为《大雅》之"变"。但是在"变雅"中也有些诗是例外,如《崧高》《烝民》《韩奕》《江汉》《常武》这几首诗多为周宣王(前八二七 — 前七八二)中兴时期的作品,歌颂申伯、仲山甫、韩侯、召穆公虎、南仲这些中兴名臣南征讨伐淮夷的功业,用现在的话说,这几首诗虽然置于变雅之中,但还是宣传"正能量"的。

  《大雅》诸篇中,有不少诗追溯了周人的历史,涉及其部族诞生的神话及一些重要的历史人物和重大的历史事件,如《文王》《大明》《绵》《生民》《公刘》诸篇。我们通常习惯于称这些诗为周人的史诗。与之相类的还有《商颂》中《玄鸟》《长发》《殷武》三篇,当然歌颂的是商人的祖先。但是,在使用"史诗"这个词的时候,要特别注意它与西方的epic的概念并不完全相同。在普林斯顿大学出版的《诗与诗学汇典》中,对epic的解释是:

> An epic is a long narrative poem that treats a single heroic figure or a group of such figures and concerns an historical event, such as a war or conquest, or an heroic quest or some significant mythic or legendary achievement that is central to the traditions and belief of its culture. Epic usually develops in the oral culture of a society at a period when the nation is taking stock of its historical, cultural, and religious heritage. [1]

史诗是一种长篇叙事诗,叙述一个英雄人

---

[1] Alex Premnger and T.V.F. Brogan, etc. eds., *The Princeton Encyclopedia of Poetry and Poetics* (Princeton, New Jersey: Princeton University Press, 1993), 361.

物或一组这样的人物，及相关的历史事件，诸如战争、征服，或是一个英雄的业绩或一些重要的神话、有传奇性的成就，而这些故事对于某种文化传统和信仰来说又是具有核心价值的。史诗通常是在一个社会的口头文化中发展起来的，用以追溯其族群的历史、文化和宗教传统。

据此，可以概括 epic 的要素如下：一、长篇叙事诗；二、个别英雄人物或一群英雄人物；三、重大历史事件，如重要的战争或战役，英雄探险的经历，或是一个传奇性的伟大业绩；四、这些在一个文化传统中又具有核心价值；五、讲故事的叙述功能；六、经历过一段口头传播的历史。

《诗经》中叙说历史的诗篇虽然也讲述其祖先或族人中的英雄事迹，讲述重大历史事件，但讲述的方式是以赞颂为主，而很少有叙述性，不具备荷马史诗所见的细节、对话、故事的连贯性和情节变化等。

《楚辞》导读

绮丽浪漫，哀婉深情

陈炜舜

香港中文大学哲学博士、
香港中文大学中文系助理教授

一、引言

近代大学者梁启超说:"吾以为凡为中国人者,须获有欣赏《楚辞》之能力,乃为不虚生此国。"《楚辞》作为中国诗歌两大源头之一,与《诗经》齐名。《楚辞》产生的年代晚于《诗经》,是先秦南方文学的代表,体现了独特的审美精神。东周以降,楚国长期吸收北方的中原文化,并将之结合本土文化,到战国时代乃逐渐摆脱蛮夷之邦的形象。《楚辞》,就是两种文化成功结合后的产物。

不同于《诗经》的写实主义,《楚辞》的浪漫主义风格是由楚地广袤富饶的山川、豪迈热情的民风和神秘绚丽的巫文化所造就的。其惊采绝艳的辞章、朗丽哀志的情调、细腻高超的艺术技巧、琳琅满目的神话素材,令人爱不释手。《楚辞》不仅是汉赋的直系祖先,其辞采和精神更滋养了后世众多的作家。从司马迁、曹植、陶渊明、李白、杜甫、苏轼、曹雪芹到龚自珍,他们的创作无一不受到《楚辞》的影响。民国以后,虽然包括楚辞在内的旧体诗歌不再是文学创作的主要体裁,但现代作家如闻一多、郭沫若诸人,依然深受《楚辞》哺育,而楚辞学也成了五四以来的一门显学。

屈原（约前三四三 — 前二七七）是《楚辞》的主要作者，作为秦楚竞争及国内政治斗争的牺牲者，他以高尚的人格感召了一代又一代的志士仁人。屈原传世的二十五篇作品大抵为仕途失意时所作，字里行间洋溢着他对斯土斯民的热爱、古圣先贤的景仰，以及追求真理、坚守正义、保持激情、拥抱理想的精神，而这种精神是不以时代之更移而转变的。其次，进入战国时期，诸子百家应运而生。在中原地区，散文逐渐取代诗歌的地位。博学多才的屈原纵然与诸子同期，却以诗歌创作闻名于世。他不仅对楚辞这种文体起了奠定的作用，更开启了中国文学史上第一个创作流派，宋玉、唐勒、景差皆能祖述屈原的从容辞令。如果说孟、庄、荀、韩的学派皆以义理为依归，屈原的流派则以辞章为核心，难怪历来都有人将屈原列为诸子之一。屈原的楚辞创作，除有发愤抒情的功用外，更意味着文学意识的觉醒。在中国文学史上，他虽然不是第一位留名的诗人，却以大量精力投入诗歌创作，可说是以诗歌为寄托、为志业、为生命。因此，屈原有"诗人之祖"的美誉，衣被百代，晖丽千秋。

二、楚辞的名义与风格

楚辞,就是楚人创作的诗歌。这种体裁盛行于战国时代的楚国,相对于《诗经》较晚。楚国君臣多娴于辞令,他们对诗歌亦非常注重修辞技巧。因此,这种修辞华美的楚国诗歌就被称为"辞"或"楚辞"。楚辞的代表作家有屈原、宋玉等,有时候楚辞甚至专指屈原的作品。① 作为文体的名称,楚辞最早见于《史记·酷吏列传》:

> 始长史朱买臣,会稽人也,读《春秋》。庄助使人言买臣,买臣以《楚辞》与助俱幸,侍中,为太中大夫。②

朱买臣、庄助皆西汉武帝时人。到了成帝即位,刘向奉旨校书,汇集屈原、宋玉、贾谊、东方朔等人的作品,编为十六卷,名曰《楚辞》。自此以后,楚辞也成了专书之名。东汉后期,王逸根据刘向的

---

① 吴宏一:《诗经与楚辞》(台北:台湾书店,一九九八年),页一四五。
② 〔汉〕司马迁:《史记》(北京:中华书局,一九九七年),页三一四三。

本子著成《楚辞章句》，是现存最早的《楚辞》注本，对后世影响深远。

楚辞作品独有的地方特色，一直为人们所注意，其中最显著的，莫过于诵读的方法。《汉书·艺文志》云："不歌而诵谓之赋。"① 所谓赋乃合骚体而言之。骚、赋共同的诵读方法，就是纯粹的朗读，不必配上音乐旋律来唱诵。而楚辞诵读的声调也富于特色，西汉被公、朱买臣等皆是能以楚声来诵读楚辞者。除了声调外，楚辞还有不少其他特色，北宋末年学者黄伯思便做过一番归纳：

> 屈、宋诸骚皆书楚语、作楚声、纪楚地、名楚物，故可谓之楚辞。若"些"、"只"、"羌"、"谇"，"蹇"、"纷"、"侘傺"者，楚语也。悲壮顿挫，或韵或否者，楚声也。沅、湘、江、澧，修门、夏首者，楚地也。兰、茝、荃、药，蕙、若、芷、蘅者，楚物也。②

---

① 〔汉〕班固：《汉书》（北京：中华书局，一九九七年），页一七五五。
② 〔宋〕黄伯思：《校定楚词序》，载《东观余论》（北京：中华书局据古逸丛书三编影印，一九八八年），页三四四。

黄氏之言可分为形式和内容两方面。他认为，楚辞作品在形式方面采用了楚地方言词汇（楚语）和音韵（楚声），内容方面记录了楚地的地理环境（楚地）和土特产（楚物）。黄伯思的说法虽然不错，但尚可斟酌补充。先秦时代的楚声早已不传，如何根据楚辞文本来感受楚声的悲壮顿挫？更何况楚语、楚地、楚物，并不一定只在楚辞作品中才会有。比如说楚辞的"兮"字，每在《诗经》和赋中出现。而赋的句式，有不少也十分接近楚辞。因此，楚辞必然还有一些判然不同于其他文体的特色。

首先值得注意的是楚国的文化背景。楚文化与北方的诸夏文化颇有差异，楚人信巫觋、重淫祠，虽君主亦不例外。据桓谭《新论·言体论》的记载：

> 昔楚灵王骄逸轻下，简贤务鬼，信巫祝之道，斋戒洁鲜，以祀上帝、礼群神，躬执羽绂，起舞坛前。吴人来攻，其国人告急，而灵王鼓舞自若，顾应之曰："寡人方祭上帝，乐明神，当蒙福祐焉。"不敢赴救。[①]

---

① 〔汉〕桓谭：《新论》，见〔清〕严可均校辑《全上古三代秦汉三国六朝文·全后汉文》（北京：商务印书馆，一九九九年），页一二一一一二二。

吴军压境的关头，楚灵王却仍在"鼓舞自若"地祭神。尽管灵王的祭祀没有达到预期的效果，但历代楚王对于鬼神之事的兴趣却丝毫没有减退。《汉书·郊祀志》指出，屈原时代的楚怀王同样采用过这种方式，冀图退却秦军：

> 楚怀王隆祭祀，事鬼神，欲以获福助，却秦师，而兵挫地削，身辱国危。①

所谓上有好而下必甚焉，楚国巫风之盛，可想而知。而重想象、重抒情、斑斓陆离、恢诡奇绝、充满神话色彩的楚辞作品，就是这种文化风俗影响下的产物。《离骚》《九歌》《天问》《招魂》等篇章中关于宗教活动的记载，往往可见。

其次，楚辞的代表作家——屈原对于楚辞风格的塑造，也是一个关键。屈原忠君爱国，却遭谗害而被疏远、放逐，眼见君昏国危、民生困苦，屈原于是创作了《离骚》等一系列作品来讽谏君王，一篇之中，再三致意。明代吴讷《文章辨体》说：

> 采摭事物、摛华布体谓之赋……幽忧愤悱、

---

① 〔汉〕班固：《汉书》，页一二六〇。

寓之比兴谓之骚；伤感事物、托于文章谓之辞。①

吴讷虽然将辞、骚并列，但"伤感事物"是概言辞体，"幽忧愤悱"是专论屈作，因此将屈原的《离骚》等作品归在辞这一类，毋庸置疑。整体而言，吴讷认为辞这种文体表达的心情大率是哀怨的。进一步说，楚辞（以及其所渊源的楚歌）所表达的哀怨心情往往是一种无可奈何感，如《大司命》云："愁人兮奈何？愿若今兮无亏。"项羽《垓下歌》："骓不逝兮可奈何？"刘邦《鸿鹄歌》："横绝四海，又可奈何？"还有《越人歌》的无奈是不为鄂君所知，《离骚》的无奈是怀王不能任贤，《大风歌》的无奈是猛士难求……这种无可奈何之感，是人类面对不如人意的世事却又无能为力时所滋生的悲剧情愫。

《史记·屈原列传》曰：

> 屈原既死之后，楚有宋玉、唐勒、景差之徒者，皆好辞而以赋见称，然皆祖屈原之从容

---

① 〔明〕吴讷：《文章辨体序说》（北京：人民文学出版社，一九六二年），页一二。

辞令，终莫敢直谏。①

司马迁在此处透露出一个重要的信息：宋玉、唐勒、景差虽在辞令上祖述屈原，但他们的作品就文体而言已由辞发展为赋。唐勒、景差的作品今已十不存一。而从宋玉现有的作品来看，除了收入《楚辞》的《九辨》为辞体外，其余《高唐赋》《神女赋》《登徒子好色赋》《风赋》《大言赋》《小言赋》等皆是赋体，可见宋玉的创作兴趣逐渐从辞趋向于赋。吴讷指出赋的特色在于"采摭事物、摘华布体"，可见辞强调感伤的情调，赋偏重铺叙的手法。而明代胡应麟《诗薮》则说：

> 骚与赋句语无甚相远，体裁则大不同。骚复杂无伦，赋整蔚有序。骚以含蓄深婉为尚，赋以夸张宏巨为工。②

这段文字显示，要辨别文体的异同，不能只注意句式，更要看章法和情调。试想屈原行吟泽畔时，

---

① 〔汉〕司马迁:《史记》，页二四九一。
② 〔明〕胡应麟:《诗薮》（台南: 庄严文化事业有限公司据南开大学图书馆藏明刻本影印，一九九七年），页六三〇。

心烦虑乱，情思恍惚。故发而为辞，文义或许层次繁复，但伤事感物、幽忧愤悱的情调则一以贯之。至于宋玉等人身为文学侍从，作品虽也带有讽谏的性质，但主要还是为了娱乐楚王。如《高唐赋》对楚地山川的铺叙、《神女赋》对神女意态的形容，皆脉络分明，以极尽描摹为能事，而章法、情调却与《离骚》大相径庭。赋是从辞发展而来的，在两汉蔚为大宗。由于楚辞哀怨的情调与西汉盛世的时代精神已有不符，故不得不演变为藻饰承平的赋。与赋以及后世其他文体相比，楚辞体过早地转化与衰落，回过头来又烙上屈原的印记。一种文体的塑造取决于单一作家，这在中国文学史上是极为罕见的。

三、楚辞体的起源与形式

古代学者认为《诗经》是《楚辞》的直系祖先，如东汉王逸就提出屈原是"独依诗人之义而作《离骚》"[1]。宋代朱熹也将《楚辞》称为"变风变雅之末

---

[1] 〔汉〕王逸章句、〔宋〕洪兴祖补注：《楚辞补注》（北京：中华书局，二〇〇二年），页四八。

流"①。现、当代的学者大多肯定《诗经》与《楚辞》之间的传承关系,但也认为楚辞体的来源具有多元性,如楚歌(即楚地民歌)就是直接源头之一。《吕氏春秋·音初》记载:

> 禹行功,见涂山之女。禹未之遇,而巡省南土。涂山氏之女乃令其妾候禹于涂山之阳。女乃作歌,歌曰:"候人兮猗。"实始作为南音。周公及召公取风焉,以为《周南》《召南》。②

"兮""猗"二字皆从"丂"得声,古代大约念成"呵"音。这首短短四字的《候人歌》中,感叹词竟占去了一半的篇幅,把涂山氏等待丈夫归来的那种焦灼、烦乱而又带着期盼的心境表露无遗。在《吕氏春秋》的作者看来,南方歌谣(南音)最显著的特色,就在于抒情、感叹,这种特色在《诗经》的《周南》《召南》里多有继承。如《周南·汉广》:

> 南有乔木,不可休思。汉有游女,不可

---

① 〔宋〕朱熹:《楚辞集注》(台北:文津出版社,一九八七年),页二。
② 〔汉〕高诱注:《吕氏春秋》(台北:台湾商务印书馆影印文渊阁四库全书,一九八三年),卷六,页6b—7a。

求思。汉之广矣，不可泳思。江之永矣，不可方思。

《汉广》篇用"思"不用"兮"，而其内容描述的江汉一带，正在楚国境内。此篇纵然未必是楚人所作，但嗟叹的声韵、幽婉的情调，却很接近楚辞的特色。二南以外的诗歌，也时时可见带有"兮"字的句式。如《郑风·野有蔓草》的第一章，就与《楚辞》中《橘颂》的句式几乎一样：

野有蔓草，零露漙兮。有美一人，清扬婉兮。邂逅相遇，适我愿兮。

至于句式不尽相同而一样运用"兮"字的，为数更多，兹不赘。

从现有的资料看来，楚康王时代（前五五九—前五二九）已有比较成熟的楚歌产生了。西汉刘向《说苑·善说》记载，楚康王的弟弟子皙受封为鄂君，泛舟于新波之中。掌橹的越女以越语（南方少数民族的语言）唱了一首歌曲。鄂君请人翻译成楚语，其文如下：

今夕何夕兮，搴洲中流。今日何日兮，得与王子同舟。蒙羞被好兮，不訾诟耻。心几顽而不绝兮，知得王子。山有木兮木有枝，心说君兮君不知。①

这首《越人歌》是中国历史上可考的第一首译诗，产生时代较屈原早了二百多年。"山有木兮木有枝，心说君兮君不知"二句，以山木起兴，带出不为鄂君所知的忧愁。其结构与情调，与《九歌·湘夫人》"沅有茝兮醴有兰，思公子兮未敢言"二句非常相似，二诗被誉为"同一婉至"②。由于《越人歌》原文的汉字记音尚保留于《说苑》，引发后代许多学者重新译解其越语原文。汉字记音的最后五字"渗惿随河湖"被解读为"隐藏心里在不断思恋"，对应"山有木"两句；然尚嫌质朴，并无楚译本的比兴之义。可见《越人歌》在转译的过程中，必然经过了文学加工。而这位楚译者的造诣，也展现了当时楚国的文学水平。

游国恩指出，楚辞所以独立于《诗经》之外而

---

① 〔汉〕刘向：《新序·说苑》（台北：世界书局影印，一九七〇年），页九三—九四。
② 〔清〕沈德潜编，王莼父笺注：《古诗源笺注》（台北：华正书局，一九九〇年），页一九。

成为一种新文体,全在它运用所谓"骚体"(笔者按:亦即"楚辞体")的形式。这个形式就是它在句尾或句中一律用一个助词——"兮"字。[1]由于楚辞的风格以抒情为主,在句式上富于感叹,是很自然的。据明代张之象《楚范》的统计,《楚辞》中有"兮"的句式共三十六种,从"一兮一"式(块兮轧)、"一兮二"式(眴兮杳杳)、"二兮二"式(吉日兮辰良)到"九兮六"式(苟余情其信姱以练要兮长顑颔亦何伤),应有尽有。[2]此外,《招魂》的"些"、《大招》的"只",在篇中的功用也与"兮"字近似。若论屈原作品中带"兮"的典型句式,粗略而言盖有三种类型。第一种是"九歌型",如《东皇太一》:

吉日兮辰良,穆将愉兮上皇。

以及《国殇》:

操吴戈兮被犀甲,车错毂兮短兵接。

---

[1] 游国恩:《楚辞概论》(台北:台湾商务印书馆,一九九九年),页八。
[2] 〔明〕张之象:《楚范》(北京:中国科学院图书馆藏明高濂刻本)卷二。

"九歌型"的句式中,"兮"字一般居于句子的中间,形式多为"二兮二""三兮二"以及"三兮三"型。这种句式主要见于《九歌》诸篇,亦偶见于《九章》。

第二种是"离骚型"。若以两句为一个单位,"兮"字一般出现在第一句的末尾。如:

> 苟余情其信姱以练要兮,长顑颔亦何伤。

这种句式主要见于《离骚》、《九章》(《橘颂》除外)、《远游》、《招魂》小引、《九辩》等篇章。很明显,"离骚型"是由"九歌型"发展而来的,故张之象《楚范》仍以"离骚型"的两句为一句。此外,还有一种句型略短的变体,如《渔父》中的《沧浪歌》:

> 沧浪之水清兮,可以濯吾缨。

以及《招魂》乱词:

> 献岁发春兮,汨吾南征。

只是这种句式更接近四言体,似乎恰是第三种"橘颂型"的倒置形式。《橘颂》云:

后皇嘉树，橘来服兮。受命不迁，生南国兮。

除《橘颂》外，在《九章》的乱词中也常常看到这种句式，如《怀沙》乱词云：

长濑湍流，溯江潭兮。狂顾南行，聊以娱心兮。

二招的招辞部分虽然不用"兮"字，但形式也非常相近。如《招魂》：

魂兮归来！入修门些。工祝招君，背行先些。

又如《大招》：

青春受谢，白日昭只。春气奋发，万物遽只。

这种句式与《诗经·郑风·野有蔓草》第一章几乎完全相同，可见《诗经》与《楚辞》之间的联系。至于《楚辞》的其他作品，如《天问》以四言为主，《卜居》每句用"乎"字，《渔父》的散文性颇强。这些篇章的句式虽然不是典型，但却可以让我们看到《楚辞》在体式和内容上的多样性。

四、楚国文化与屈原

在神话传说中,楚人的远祖古帝颛顼是一个神奇的人物。他有上帝的神格,尝命其子重黎绝断了天地之间的通道,曾造《承云》之乐,死后还化为沟通阴阳两界的"鱼妇"。重黎就是著名的火神祝融,相传他兽面人身,乘坐两龙,能够光融天下。楚人的这些先祖,充满了神奇的色彩,与上古宗教巫术的关系密切。此外,根据新出土的"清华简"《楚居》记载,楚王室的先祖季连曾娶商王盘庚之女为妻。不难想见,武王伐纣后,作为殷商外戚的楚王室对于新兴的周天子在感情上有所抵触。周成王时,楚人的领袖熊绎受封为子爵,带领人民在南方筚路蓝缕,开发山林。从此以后,楚地疆土日扩,成为南方大国。由于楚国与周天子没有血缘或姻亲关系,又僻处南方,所以一直被注重宗法制度的中原国家视为蛮夷,受到排斥。正因如此,楚国保存了许多上古、夏、商时代的宗教巫术文化。屈原是楚国的重臣,曾掌巫史之职,熟悉这些宗教活动。因此,他的作品朗丽绮靡、志哀情深,既善于铺陈,又富于联想,这与楚国巫风的熏浸是分不开的。

周朝得天下后,大封同姓诸侯,发展出宗法制度来统治国家。然而在南方的楚国,宗法观念尚未形成。楚人的国家民族意识中,还遗留有很多氏族社会的痕迹。因此,屈原更多地用氏族社会的观念来看问题。如屈原对于伍子胥的态度,就是一个极佳的证明。伍子胥为报父兄之仇,曾鞭楚平王尸。在儒家看来,这种行为自然大逆不道。但屈原作为楚王宗亲,却高度赞扬伍子胥,还直斥楚平王之非。在他眼中,导致吴国入侵、楚国破败的根本原因在于楚平王的昏暴。因此,伍子胥的鞭尸之举虽出于个人恩怨,却向国人昭示国家民族与君主的地位孰轻孰重。屈原这种强烈的国家民族意识,也是他始终不愿离开楚国的思想基础。其实,屈原在仕途失意之时,考虑过前往他国追求理想:

"思九州之博大兮,岂惟是其有女?"曰:"勉远逝而无狐疑兮,孰求美而释女?何所独无芳草兮,尔何怀乎故宇?"(《离骚》)

纵然如此,他至死都没有背弃自己所眷恋的楚国。战国时期,与君主同族而另去他国谋职的人并不罕见。如商鞅是卫国公子,韩非是韩国公子,却皆曾出仕于秦。假如对楚国独有的文化缺乏认识,的确会觉得屈原不愿去国的决定在当时是个异数。然而，了解屈原这种置国家民族于君主之上的意识后，我们会发现：他留在楚国、以身殉国是必然之事。

抑有进者，楚国在文化上虽然视周为落后，却能不断地学习中原文化。故此，楚国文化既有独特的地方色彩，又具备了广博的襟怀。屈原熟悉中原的思想礼仪、历史掌故。如在《天问》篇中，屈原历数唐、虞、夏、商、周这些中原王朝的史事，篇幅比例大大超过楚国史事，可见他不仅了解，而且认同中原的历史文化。这正是楚国文化开放自由、有容乃大之气象的体现。

屈原是战国时期楚国丹阳（今湖北秭归）人，与楚王同宗。到了春秋前期，楚武王熊通封其子瑕于屈，后代遂以屈为氏。现存有关屈原生平的材料，除了屈原作品本身之外，比较可信的只有西汉司马迁《史记·屈原列传》和刘向《新序·节士》两处。我们依据这些材料，参酌历来学者的研究成果，尚可勾勒出屈原生平的概况。

屈原大约出生于楚宣王（前三六九 — 前三四〇在位）时代的一个寅年寅月寅日，去世于顷襄王（前二九八 — 前二六三在位）时期，而主要活动时期则在怀王（前三二八 — 前二九九在位）朝。他出身贵族，接受过良好的教育，故而明于治乱，娴于辞令。屈原早年深受怀王信任,官至左徒,地位仅次于令尹(令尹相当于北方诸国的宰相之职)。他辅佐怀王改革内政,主张联齐抗秦,力求楚国在七雄间取得领导地位。屈原的才能和地位招致同列上官大夫的忌妒,他的改革内容也引起既得利益阶层的不满。怀王使屈原拟定宪令,上官大夫看到草稿后意欲夺去,遭到屈原拒绝,于是向怀王进谗。一怒之下,怀王疏远了屈原,屈原于是来到了汉北。其后,屈原转任三闾大夫之职,掌管王族昭、屈、景三姓事务,负责宗庙祭祀和贵族子弟的教育。

怀王即位之初,颇思变法图强,曾经担任"合纵长",联合魏、赵、韩、燕攻秦。为了除去楚国的威胁,秦惠王于怀王十五年(前三一四)命张仪至楚,买通佞臣靳尚等人,在怀王面前毁谤屈原。怀王中计,屈原被逐出郢都,来到汉北。张仪趁机诱骗怀王与齐国断交,并允诺割商於之地六百里作为报酬。等到楚、齐绝交后,张仪却反口说当初允诺的只有六里。怀王受骗后大怒,先后两度举兵攻秦(史称丹阳、蓝田之战),却皆败北,还丧失了汉中之地。这时,怀王想起了屈原,令他出使齐国寻求援助,但屈原的努力似乎没有结果。不久,亲秦派势力再次抬头。怀王二十四年(前三〇五),秦楚盟于黄棘,约为婚姻,怀王还一度遣太子入质秦国。怀王三十年(前二九九),秦昭王约怀王于武关相会。屈原极力劝阻,而公子兰等人却不愿绝秦之欢,力主怀王入秦。怀王最终被秦扣留,三年后客死秦国。

怀王入秦后,长子顷襄王接位,以公子兰为令尹。顷襄王七年,与秦结为婚姻,以求苟安。屈原再次被逐,流放江南,沿着长江、夏水向东南走,经过洞庭湖和夏浦,到达陵阳(在今安徽境内)。顷襄王二十一年(前二七八),秦将白起攻破郢都,楚国迁都至陈。这时,屈原心系故都,又循原路西还,经鄂渚,穿洞庭,入沅江,来到了辰阳、溆浦一带。次年,秦国攻占了楚国的巫郡、黔中郡,屈原悲愤莫名,遂自沉于汨罗江。相传屈原自尽的日子为农历五月初五,后来人们在这一天包粽子、赛龙舟,就是为了纪念屈原。

五、屈原的思想与《楚辞》

在中国历史上,春秋战国是一个学术思想空前自由发达的时代,诸子百家,竞起争鸣。屈原生活于战国晚期,年代稍晚于孟子、庄子,而比荀子、韩非子稍早。屈原有良好的教育背景，对于北方诸夏文化的经典非常熟悉，并把其内容思想融入自己的诗篇。如《离骚》"皇天无私阿兮，览民德焉错辅"与《尚书》"皇天无亲，唯德是辅"；《九歌·东君》"援北斗兮酌桂浆"与《诗经·小雅·大东》"维北有斗，不可以挹酒浆"；《天问》"禹之力献功，降省下土四方"与《诗经·商颂·长发》"禹敷下土方"，内容文字都两两相近。非仅如此，从屈原的作品可以看出，他对各家学说都有深入的了解。儒家主张的仁义之道，屈原非常推崇：

重仁袭义兮，谨厚以为丰。（《怀沙》）

儒家祖述尧舜，宪章文武，这种思想在屈原的作品中也得到了继承：

彼尧舜之耿介兮，既遵道而得路。（《离骚》）
汤禹俨而祗敬兮，周论道而莫差。（《离骚》）

除儒家的先王外，法家所取法的齐桓公、秦穆公等霸主，屈原也表示尊尚：

> 闻百里之为虏兮,伊尹烹于庖厨。吕望屠于朝歌兮,宁戚歌而饭牛。不逢汤武与桓缪兮,世孰云而知之!(《惜往日》)

他在早年助怀王变法,可谓继轨吴起的法治观念:

> 奉先功以照下兮,明法度之嫌疑。国富强而法立兮,属贞臣而日娭。(《惜往日》)

在流离愤懑的放逐之际,屈原的思想一度倾向于道家,希望能够抛开俗世,超然高举:

> 悲时俗之迫阨兮,愿轻举而远游。质菲薄而无因兮,焉托乘而上浮?(《远游》)

综而观之,屈原对诸子的思想,无疑是有足够的认知、理解和接纳的,但与各家的主张也有不合的地方。比如说,儒家推崇的周公、孔子,屈原作品中从未提及,这与儒家经典如《孟子》《荀子》等颇为不同。而屈原被流放的事实,也证明他不像商鞅、吴起等法家中人拥有高明的干君之术。至于

《渔父》一篇，更说明屈原的思想与道家有着不可调和的矛盾。詹安泰说得好："一个人的思想，并不是孤立绝缘的，在某一个时代里，各种意识形态都是该时代的社会存在的反映。因之，各种思想都可能起着相互关联的作用。"[1]各家的思想学说，对于屈原或多或少都有一些影响。然而屈原毕竟是诗人，而非思想家。要勉强把他划入某一学派，以求概括他的思想，实不相宜。

屈原的巨制《离骚》中，最后两句是这样的：

> 既莫足与为美政兮，吾将从彭咸之所居！

据王逸《楚辞章句》，彭咸是殷代的贤大夫，因谏君不听，投水而死。[2]屈原意欲取法彭咸，并非仅因一己之不遇，而是感到"美政"不能在楚国实现，理想破灭之故。何谓"美政"？王逸的解释是"行美德，施善政"[3]。"美德""善政"的内容，一言以蔽之，就是圣君贤臣之治。

---

[1] 詹安泰：《屈原》（上海：上海人民出版社，一九五七年），页六七。
[2] 〔汉〕王逸章句、〔宋〕洪兴祖补注：《楚辞补注》，页一三。
[3] 〔汉〕王逸章句、〔宋〕洪兴祖补注：《楚辞补注》，页四七。

儒家主张"君为臣纲",认为一位国君的道德操守应该是臣下效法的榜样。国君只有学习尧、舜、文、武这样的有德先王,施政才会有成效。屈原继承了儒家这种思想,他的作品对于先王的称扬,重点就在于他们的德行:

> 彼尧舜之耿介兮,既遵道而得路。(《离骚》)
> 汤禹俨而祗敬兮,周论道而莫差。(《离骚》)

王逸说:"耿,光也。介,大也。"① 又云:"殷汤、夏禹、周之文王,受命之君,皆畏天敬贤。论议道德,无有过差,故能获夫神人之助,子孙蒙其福祐也。"② 光明正大、畏天敬贤,就是屈原对国君的最高要求。相反,对于古代的暴君,屈原则毫不留情地加以贬责:

> 启《九辩》与《九歌》兮,夏康娱以自纵。不顾难以图后兮,五子用失乎家巷。羿淫游以佚田兮,又好射夫封狐。固乱流其鲜终兮,浞又贪夫厥家……夏桀之常违兮,乃遂焉而逢殃。

---

① 〔汉〕王逸章句、〔宋〕洪兴祖补注:《楚辞补注》,页八。
② 〔汉〕王逸章句、〔宋〕洪兴祖补注:《楚辞补注》,页二三。

> 后辛之菹醢兮，殷宗用而不长。(《离骚》)

夏启自纵、后羿淫游、寒浞阴狠、夏桀违道、商纣诛杀忠臣，他们的作为不仅导致家国的破亡，更落得千秋恶名。这些沉重的历史教训，屈原也念兹在兹。

屈原推崇的古代君主除了儒家宪章祖述的圣王外，还有齐桓公、秦穆公等法家尊尚的霸主。然而整体而言，屈原政治抱负的基础还是建立在儒家思想上。举例来说，从社会发展的角度看来，禅让制度大概真的在上古时代存在过，而尧舜禹的传说却无疑经过儒家的美化、理想化。相反，战国后期，由于法家思想的盛行，人们逐渐怀疑尧舜禅让的真实性。如《庄子·盗跖》云："尧不慈，舜不孝。"[1]《竹书纪年》则谓尧晚年德衰而为舜幽囚，舜晚年又被禹流放至南方。[2] 对于这些意见，屈原持反对的态度：

> 尧舜之抗行兮，了杳杳而薄天。众谗人之嫉妒兮，被以不慈之伪名。(《哀郢》)

---

[1] 〔清〕郭庆藩：《庄子集释》（北京：中华书局，一九七八年），页九九六。
[2] 《史记正义》引，见〔汉〕司马迁《史记》，页三〇。

在屈原心目中，尧、舜圣贤之名是不容玷污的。换言之，法家权谋是因时制宜、作为儒家德政之补充的一种举措。

春秋以来，随着权臣执政（如晋六卿、齐田氏等）、诸侯兼并，贵族的地位日益下降。没落贵族将王官的知识带入民间，而平民因有机会学习知识而得以晋身士大夫阶层。战国以后，北方魏文侯、秦孝公、齐威王、燕昭王、赵武灵王等先后变法成功，称雄一方。南方的楚国虽早在楚悼王时就任用吴起变法，但却功亏一篑。究其原因，依然在于楚国独有的文化传统。很早开始，楚国的军政大权就由包括昭、屈、景三族在内的贵族宗室所把持。虽然也有平民登上楚国的政治舞台（如孙叔敖以布衣而为令尹），但为数极少。吴起的变法削减了贵族的利益，自然引起强烈的反对。屈原虽身为贵族，却欲踵武吴起，继续变法。而变法初期是颇有成效的（参前引《惜往日》"奉先功以照下兮"章）。从屈原的作品中，我们可以知道他固然推重箕子、比干、伯夷、周公、伍子胥这些贵族中的贤能之士，但他更强调要不拘一格地任用人才：

说操筑于傅岩兮，武丁用而不疑。吕望之

鼓刀兮,遭周文而得举。甯戚之讴歌兮,齐桓闻以该辅。(《离骚》)

屈原看重傅说、吕望、甯戚这些平民贤才,无疑就是希望在楚国建设北方那种"处士横议"的政治生态。进而言之,对于一些大醇小疵之人,屈原也认为要因其才而致其用:

昔三后之纯粹兮,固众芳之所在。杂申椒与菌桂兮,岂惟纫夫蕙茝?(《离骚》)

正如明人钱澄之解曰:"椒桂性芳而烈,比亢直之士,非如蕙茝,一味芳馥可亲。杂字着眼,惟杂而后可以得纯粹也。"① 无论亢直还是芳馥可亲的贤士,屈原对于他们的基本要求乃是一个"忠"字。在他的作品中,"忠贞""忠诚""忠信"等词语每每可见,而屈原自己就是一个忠臣的典范。总而观之,屈原的贤臣观念与楚国传统贵族判若云泥。而上官大夫要夺取屈原的改革宪令文稿,不但出于个人的

---

① 〔明〕钱澄之:《庄屈合诂·屈诂》(合肥:黄山书社,一九九八年),页一四六。

忌妒，更是为了保障传统贵族的既得利益。

西周建国后，随着神权思想的消退，以周公为首的政治家们都反复强调民本思想。如《尚书》曰："天视自我民视，天听自我民听。"①《左传》曰："夫民，神之主也。"②在屈原的"美政"理想中，君德臣忠固然重要，而其终极目的乃是在于民生。这在他的作品中有很清晰的表述：

> 长太息以掩涕兮，哀民生之多艰。(《离骚》)
> 皇天无私阿兮，览民德焉错辅。(《离骚》)
> 瞻前而顾后兮，相观民之计极。(《离骚》)
> 愿摇起而横奔兮，览民尤以自镇。(《抽思》)

在屈原看来，为人君、为人臣者，只要能令人民安居乐业，就能成其圣、成其贤。

当然我们也必须指出，屈原的政治抱负虽然远大，但他政治生命的终结与其本人的性格也有莫大的关系。上官大夫之所以能轻易令怀王疏远屈原，

---

① 〔唐〕孔颖达疏：《尚书正义》(台北：艺文印书馆据阮元嘉庆二十年〔一八一五年〕江西南昌府学本影印，一九八九年)，页一五四。

② 〔唐〕孔颖达疏：《左传正义》(台北：艺文印书馆据阮元嘉庆二十年〔一八一五年〕江西南昌府学本影印，一九八九年)，页一〇九。

除了贵族势力影响、怀王昏庸等因素外，也由于慷慨激昂、刚直不阿的屈原缺乏政治人物应有的周旋能力。因此，屈原的悲剧不在于其个人之浮沉起落，而在于他本身的性格和理想与实际的政治、社会环境之间存在着难以协调的矛盾。

屈原留下的作品有多少？《史记·屈原列传》提到《离骚》《天问》《招魂》《哀郢》《怀沙》五篇。班固《汉书·艺文志·诗赋略》的著录是"二十五篇"，但却未有详言这二十五篇的篇目。[①]王逸《楚辞章句》认为《离骚》、《九歌》十一篇、《天问》、《九章》九篇、《远游》、《卜居》、《渔父》皆是屈原所作，《招魂》为宋玉所作，《大招》则谓："屈原之所作也。或曰景差，疑不能明也。"宋代朱熹亦以《招魂》为宋玉所作，又将《大招》的著作权归于景差，恰成二十五篇之数。自此以后，明清两代对于屈原作品篇目的认知，每有争议。如周用认为《九歌》中的《湘君》与《湘夫人》、《大司命》与《少司命》各自应合成一篇，而焦竑认为《九辩》为屈原所作，陈深、黄文焕、林云铭认为二招皆为屈原作品。到了近代，则有人怀疑《九章》中《橘颂》《惜往日》《悲回风》等

---

① 〔汉〕班固：《汉书》，页一七四七。

作品乃后人伪造。不过，当今学术界一般认为是屈原手笔的作品包括:《离骚》《九歌》《天问》《九章》《招魂》《大招》。至于《远游》《卜居》《渔父》三篇是否屈原所作，则争议较大。

班固《汉书·地理志》说:"始楚贤臣屈原被谗放流，作《离骚》诸赋以自伤悼。后有宋玉、唐勒之属慕而述之，皆以显名。汉兴，高祖王兄子濞于吴，招致天下之娱游子弟，枚乘、邹阳、严夫子之徒兴于文、景之际。而淮南王安亦都寿春，招宾客著书。而吴有严助、朱买臣，贵显汉朝，文辞并发，故世传楚辞。"[①] 而同书《艺文志·诗赋略》著录"屈原赋之属"二十家三百六十一篇，"陆贾赋之属"二十一家二百七十四篇，"孙卿赋之属"二十五家一百三十六篇，"杂赋之属"十二家二百三十三篇。[②] 由于汉人辞、赋名称混用，这些篇章中有不少是楚辞作品，可惜今日大都亡佚了。根据王逸《楚辞章句》及朱熹《楚辞集注》所收录的篇章看来，今日仍有作品流传的楚辞作家除了屈原之外，尚有宋玉、景差、贾谊、庄忌、淮南小山、东方朔、王褒、刘

---

① 〔汉〕班固:《汉书》，页一六六八。
② 〔汉〕班固:《汉书》，页一七四七—一七五三。

向、王逸九位。本书所选作品的作者除屈原外，仅涉及宋玉、景差、贾谊、淮南小山四家。

六、《楚辞》要籍简介

黄伯思《校定楚词序》以诗歌作品但凡"书楚语，作楚声，纪楚地，名楚物"，即可归入楚辞类。换言之，楚语、楚声、楚地、楚物，皆可纳入楚辞文本、屈原生平二端，传统楚辞学也以这二端为核心。近人姜亮夫指出，今天的楚辞研究，已经发展成一门综合多学科研究内容的专门学问。对于楚辞，除了在文学方面的研究外，很多学者还对它做了许多专题研究，从诠释文义发展出来的有专门研究楚辞的语音、方言、词汇，进而到研究它的虚词使用、文法结构、修辞形式等有关语言学方面的问题；从屈原作品引用的大量香花、草木、虫鱼、鸟兽及所涉及的文物、礼制形成的屈作文物博物的专门研究，在很古以前就有了专门的著作。

屈作的神话，屈作与三楚文化、地理、天文，历代都有专论。屈原的思想、艺术手法、艺术的发展、文学史上的地位和影响等等，在当代就有更多的研究了。① 总结姜氏及其他现代学者的意见,楚辞学的内容可以归为以下几方面:(一)楚辞作者生平、思想研究;(二)楚辞作品的诠释与研究;(三)楚辞体(或称骚体)文学发展状况的研究;(四)楚辞文化及其影响的研究;(五)楚辞研究史的研究。自古至今,楚辞学都堪称"显学",历代楚辞学著作的数量非常庞大,当代之新注更如雨后春笋。不过,无论屈骚的研究者或欣赏者,都应参考王逸《楚辞章句》、洪兴祖《楚辞补注》及朱熹《楚辞集注》三种著作,兹逐一简介之。

(一)汉·王逸《楚辞章句》十七卷

汉代楚辞学著作,首推淮南王刘安《离骚传》。刘向除编订《楚辞》外,又有《天问解》。其后扬雄亦有《天问解》,班固、贾逵各有《离骚经章句》,马融有《楚辞注》。然而,这些著作今日悉已亡佚。现存最早且最完整的楚辞学著作,实唯东汉王逸的《楚辞章句》十七卷。王逸根据刘向所编《楚辞》十六卷,加上己作《九思》一篇,合为十七卷。汉人章句之学,本供讲说与读本之需,既为专家之学,亦寓

---

① 姜亮夫、姜昆武:《屈原与楚辞》(合肥:安徽教育出版社,一九九六年),页一一九。

普及之义。《楚辞章句》兼备众说之体，又要括不繁。书中所录每一篇都有序文，说明作者生平、创作背景，并解释题意。然后从训诂、校勘、释义、评文等方面，对战国以迄东汉的楚辞相关资料，全面检讨。由于王逸的原籍——南郡宜城乃故楚之地，他不仅了解楚地方言及与故楚相关的传闻，对屈骚也抱有极大的崇敬之情。因此，《楚辞章句》除保存、酌采旧说外，一家之言也每每可见，对后世影响深远。由于汉代经学盛行，王逸又是儒者，故往往用汉儒解经之法来诠释《楚辞》。就王逸而言，如此方式无疑是为了表达对屈骚的推崇；但屈原终究不是纯儒，王逸之说难免扞格难通。这是《楚辞章句》的瑕疵。

（二）宋·洪兴祖《楚辞补注》十七卷

洪兴祖（一〇九〇——一一五五），字庆善，丹阳人。历任秘书省正字，太常博士，真、饶知州，因触犯秦桧而编管昭州。博学好古，著有《老庄本旨》《周易通义》《系辞要旨》《古文孝经序》《韩文公年谱》《楚辞补注》《楚辞考异》等。《宋史》有传。《楚辞补注》以王逸《楚辞章句》为底本，补缺纠误，广征成说，总结了历代楚辞研究的成果。又尝搜集近二十种《楚辞》本子，精加校雠，作《楚辞考异》。然今流行本中，《考异》已散入《补注》之中，不复单出。洪兴祖非常理解、强调屈原的怨忿之情，说："屈子之事，盖圣贤之变者。"可见《补注》内容虽以训诂校雠为主，但洪氏的著作动机却与南宋初年的政治环境关系甚大。

（三）宋·朱熹《楚辞集注》八卷（附《辩证》二卷、《后语》六卷）

朱熹（一一三〇——二〇〇），字元晦，号晦庵，别号紫阳，徽州婺源人。历任转运副使、焕章阁待制兼侍讲、秘阁修撰等。仕途坎坷，曾被权相韩侂胄诬为"伪学"。朱熹为著名理学家，著述讲学四十余年，发展二程之说，创立程朱学派，更在元、明、清三代被奉为儒学正宗。传世著作有《周易本义》《诗集传》《仪礼经传通解》《四书章句集注》《论孟精义》《四书或问》《楚辞集注》《楚辞辩证》《楚辞后语》等。朱熹注《骚》的动机，一方面是出于对朝政混乱的孤愤，另一方面则是欲将屈《骚》纳入儒学之轨。《楚辞集注》八卷，厘定屈作二十五篇的篇目，题为"离骚"，计卷一《离骚》，卷二《九歌》，卷三《天问》，卷四《九章》，卷五《远游》《卜居》《渔父》。宋玉以下，去《九怀》《九叹》《九思》而补入贾谊《吊屈原赋》《鵩鸟赋》，共十六篇为"续离骚"，计卷六《九辩》、卷七《招魂》《大招》，卷八《惜誓》《吊屈原》《服赋》《哀时命》《招隐士》。《辩证》二卷，多为考证历史和语言的小材料，所论精详。《后语》六卷，乃据晁补之《续楚辞》《变离骚》增删而成，收录了荀子至吕大临的辞赋共五十二篇。《后语》仅前十七篇有注，尚未完成。朱熹既是注重义理阐发的理学家，又是著名的诗人。他注《骚》时在文字训释方面多参考洪兴祖之说，于微言奥意颇有独见，且尝试以赋、比、兴的写作手法来分析楚辞作品。元代中叶以后，朱学独尊，《楚辞集注》在明、清两代遂成为流传最广、影响最巨的楚辞学著作。

七、《楚辞》的现代意义

《楚辞》的文字较为古雅，作品长度一般也超过绝句的篇幅。因此，今天一般大众对《楚辞》的爱好似乎不及唐诗、宋词，遑论其作为孩子的启蒙读物。然而，《楚辞》和唐诗、宋词一样，具有高度的文学性，能使当代读者滋生永恒不变的审美愉悦。如"路漫漫其修远兮，吾将上下而求索"体现了对理想之追求的执着;"袅袅兮秋风,洞庭波兮木叶下"晕染出淡雅素净的秋色影像;"悲莫悲兮生别离,乐莫乐兮新相知"深得男女恋情三昧;"美人既醉,朱颜酡些。娭光眇视,目曾波些"如工笔画出的仕女图,如是这般令人目不暇给。

其次,《楚辞》文本涉及的面向更是跨学科的。举例而言,《天问》所记载殷商的重要先祖王恒,完全不见于《竹书纪年》《史记》等书记载,却能与出土的甲骨文相印证。又如《湘君》《湘夫人》二篇,可以让我们了解虞舜二妃传说在荆楚大地的演变情况。复如《招魂》以传统宗教仪轨的形式注入新的内容,体现出作者对怀王客死异乡的痛悼和国家前途的忧思……可以说,<u>无论在历史、哲学、社会学、政治学、人类学、民俗学、宗教学、神话学乃至自然科学的范畴,《楚辞》都为我们提供了丰富的资讯</u>。

屈原的人格与思想至今仍具有典范意义。如抗战正酣之际,郭沫若创作历史剧《屈原》,讲述屈原一生的故事,借古讽今,激励全民的抗日意志。又如一九七二年,香港著名演员鲍方针对大陆市场自编自导自演电影《屈原》,大受欢迎,不仅为大陆荒芜已久的影业注入了新的生机,更将以《楚辞》为代表的优秀传统文化重新向内地观众引介(至今大陆不少屈原的雕像、画像皆以鲍方的形象为蓝本，可见其影响）。屈原忠君爱国的思想，一向为人津津乐道。诚如净空法师所论："'君臣有义'，君是领导者，臣是被领导者，君臣之道也是自然的，君仁臣忠也是德。现在的社会，'君'不一定指帝王，是指老板跟员工、长官跟部属的关系，老板、长官是君，员工、部属是臣。君仁，就是领导者对被领导者要慈爱；臣忠，就是被领导者对领导者要忠诚。现代社会君臣关系虽有，但精神已丧失了。"而屈原的忠君思想，自然可以给我们一番启示。东汉班固曾站在儒家的立场批评屈原"显暴君恶"，即是说屈原因为自己的仕途不遇而揭露君主的短处，不合乎温柔敦厚之旨。实际上，班固的批评正好说明，屈原的忠君并非愚忠。所谓"怨灵修之浩荡""惜壅君之不识"，足见他对楚王忠之深而责之切，视"臣罪当诛兮，天王圣明"式的自怨自艾何啻霄壤！而另一方面，面对令尹子兰、上官大夫靳尚等谗佞的迫害，他没有分毫的妥协。在那没有法律保护也没有合理途径来表达政见、抵制误国之徒的时代，他选择以死进谏。司马迁说："死有重于泰山，或轻于鸿毛。"屈原重于泰山的死，对于当今的社会风气，不论委曲求全或动辄轻生，未尝没有拨乱反正的效能。

《唐诗三百首》导读

童蒙皆能诵唐诗

康震

北京师范大学文学院副院长、教授、博士生导师唐诗，是唐代文学留给后世的一笔丰富的精神财富。它诸体完备，名家辈出，流派众多，成就斐然。唐诗流传至今有五万多首，可考诗人两千八百余人。

一、唐诗在历代的诸多选本

在普及和流播过程中，唐诗选本难以胜数。仅唐人编选的唐诗选本便有多种，其中多为断代选集，如芮挺章的《国秀集》选录天宝三载前初、盛唐的诗作，殷璠的《河岳英灵集》专录盛唐开元、天宝间的诗作，高仲武则仿殷书体例选肃宗、代宗二朝诗作，编成《中兴间气集》。这些选集的编选各有所重，如殷璠取诗论兴象重风骨而无取权势，元结的《箧中集》则多录复古之诗人作品，姚合的《极玄集》则以王维一派诗风为重，后蜀韦縠的《才调集》却偏重晚唐作品，以秾丽宏敞为宗。

"唐人选唐诗"选集，为唐诗发展与唐代诗人生平的研究提供了珍贵的资料。到了宋代，开始出现唐代诗歌总集。宋人洪迈所编《万首唐人绝句》收录唐人绝句逾万首，赵孟奎的《分门纂类唐歌诗》

收诗达四万余首。

宋元时期的唐诗选本不多，较重要者有宋王安石之《唐百家诗选》，但此选集无明确选编标准。宋绶所编的《岁时杂咏》专取唐人岁时节日诗歌。周弼专录唐人七绝、七律、五律三体诗，编成《唐三体诗》，并详细分格，讲说作法。金朝元好问的《唐诗鼓吹》风格宗流丽晓畅，取诗偏于中、晚唐。元代杨士弘的《唐音》则以始音、正声、嗣响分选唐诗，有较大影响。

及至明清，唐诗选本甚众，其中影响最大的明代选本是高棅的《唐诗品汇》与李攀龙的《唐诗选》。前者选诗与析论皆具识见，论诗崇尚盛唐，并区分流变，将唐诗确分为初、盛、中、晚唐四期，为学习唐诗者指出明确途径，影响甚为深远；后者则以初、盛唐为重，以精美流丽、声响洪亮为宗，其选本颇为世人所重，但入清后渐遭冷落。

另有明代胡震亨的《唐音癸签》，分成十签，分门别类地汇辑唐代诗歌。其他有影响的明代选本尚有唐汝询的《唐诗解》、陆时雍的《唐诗镜》等。

清初季振宜则以钱谦益的《唐诗纪事》为据，编成《唐诗》七百一十七卷。康熙年间官修之《全唐诗》，便是以季书为本、胡书为补编纂完成的。

《全唐诗》不作选择地网罗唐人诗歌，成书匆促，重出误收、短漏讹误之处甚多，颇受后人诟病，但其总汇唐代诗歌，使唐诗爱好者和研究者大获霑益，并对唐诗的流传有较大贡献。清代选本中，具影响力者有王夫之的《唐诗评选》、王士禛的《唐贤三昧集》和《唐人万首绝句选》。

此外沈德潜的《唐诗别裁集》，选诗推崇温柔敦厚，录诗一千九百余首，分体编排，流行一时，影响极大。蘅塘退士（孙洙）编选的《唐诗三百首》则选取脍炙人口、通俗晓畅之作，适应童蒙课读之需要，流布广泛，家弦户诵，成为唐诗选集的经典。

二、蘅塘退士与《唐诗三百首》的编选

《唐诗三百首》编成于清乾隆二十八年（一七六三），原仅署名"蘅塘退士"，直到二十世纪五十年代，经学者考证，才确知作者为孙洙。孙洙（一七一一——一七七八），字临西，或作苓西，别号蘅塘退士，江苏无锡人。乾隆十六年（一七五一）进士，历官直隶大城、卢龙、山东邹平知县。乾隆

二十七年（一七六二），任山东乡试同考官，后改江宁府儒学教授。晚年归里，著有《蘅塘漫稿》。乾隆二十八年，与善书工诗的继室徐兰英切磋商讨，编成这部唐诗选作为家塾课本。

从清顾光旭编《梁溪诗钞》卷四十二、窦镇《名儒言行录》卷下之相关资料可知，孙洙少时家贫却苦读不辍，曾先后多次担任学官之职。孙洙历任学官，深明诗教以教化为上，其书中自序言此选集"专就唐诗中脍炙人口之作，择其尤要者"，祈能达到"俾童而习之，白首亦莫能废"的目的，体现出其纯学方正之意旨。

三、《唐诗三百首》的特点

《唐诗三百首》篇幅适中，所收作者兼顾众家，既收到"一脔全鼎"之效，亦可达到普及之目的。据学者统计分析，其所选篇目中有二百七十首见于王士禛的《古诗选》《唐贤三昧集》《唐人万首绝句选》，有二百三十九首见诸沈德潜《唐诗别裁集》，其余则见于高棅的《唐诗品汇》、唐汝询的《唐诗解》等著名唐诗选本中。细析篇目，所取者皆为平大敦厚或怨而不怒之作,力尊丰神情韵之唐调为正宗。

其所收作者共七十七位,其中杜甫入选作品最多,其次为王维、李白、李商隐、孟浩然、韦应物,此六位诗人的作品总数便已达百首,成为选集突出的重点。其余作家上至皇帝、宰执,下到僧人、歌女,兼收反映社会各阶层生活的诗人作品。同时涵盖各种不同的诗歌题材,举凡山水田园、咏史怀古、登山临水、赠别怀远、边塞出征、思妇宫怨等等,兼而有之,脍炙人口之作略无遗漏。如王之涣存诗只有六首,便选进两首;金昌绪仅存一首,亦选入。《唐诗三百首》选诗还兼重实用,那些奉和应制、劝慰落第罢官之作也都在集中,以合科举取士之用。

编者在择选具有代表性诗人作品的同时,不仅选取他们成就最高的代表作,使全书作品成为最优之选,还择取多种诗歌体裁,以表现其不同风貌。如杜甫选诗中,他最擅长的律诗有二十多首,同时也选有古体诗与绝句。李白的选诗中,最能表现其个性和风格的古体诗、乐府诗合计十几首,但绝句与律诗亦不曾或缺。

《唐诗三百首》的编选初旨乃欲取代"工拙莫

变"的千家诗,成为童蒙读本,并期待读者能贯彻终身,直至"白首亦莫能废"。因此编者承旧创新地确立了自己的编排体例,以避免进入《千家诗》只选五七律绝、轻情志逐声对的歧途。

全书涵括唐代诗歌的全部体裁,并按诗体分为五言古诗、七言古诗、五言律诗、七言律诗、五言绝句、七言绝句六大类,同时单列乐府诗于每类之后。这种先古体后律体、绝句的诗体安排,除呈现出唐诗发展历程之外,亦秉承自唐以来学诗从古体着手,先培植底气,以情志为本,再入律体调声逐对技巧的学诗传统,以达到"声律风骨兼备"的境界。单列乐府诗于每类之后,一方面便于吟诵、利于学习诗歌,同时也表现唐诗与音乐的密切关系,以及律诗由乐府发展而来的演进轨迹。

《唐诗三百首》满足了童蒙诗集方正、易诵、易读、易解的需要,并顾及诗歌体裁、题材的完备,其思想内容涉及丰富的时代社会生活与思想情感。虽在选目上仍有畸重畸轻、顾此失彼的缺点,许多知名作者的代表诗作未被收录,也缺乏反映社会矛盾、民生疾苦的诗作,但在历代的唐诗选集中,仍不失为一部最具影响力、生命力,雅俗共赏的选本,编定之初便已"风行海内,几至家置一编"(见乾隆十一年仲夏月中浣四藤吟社主人《唐诗三百首序》),迄今历经二百余年,尚能光景常新,继续发挥中国古代诗歌启蒙与传统文化传承的作用。

宛丽端雅话宋词

《宋词三百首》导读

康震

北京师范大学文学院副院长、教授、博士生导师有宋一代，词体发展蔚为大宗。南北宋三百年来，名家辈出，风格各异，倍极变化而又垂范后世。宋人叶梦得《避暑录话》中记载，柳永词流传极广，"凡有井水处，即能歌柳词"。举凡闺情、旅愁、亲情、离思、交游、国事、田园、隐逸，皆得以在词中彰显广大，宋词遂成为与"唐诗"并峙的又一座高峰。

宋词选本历代层出不穷，清代以来尤为丰富。龙榆生《选词标准论》有言："晚清词人，颇喜选录，以寄其论词宗尚。各矜手眼，比类观之，亦可见当时词坛趋向。"即道明其原因所在。选本既多，难免各有偏颇，或过繁，如《历代诗余》、冯煦《宋六十一家词选》；或过简，如端木埰《宋词十九首》；或入选太少，如周济《宋四家词选》；或偏重南宋，如戈载《宋七家词选》。另有陈廷焯《词则》，梁令娴、麦孟华《艺蘅馆词选》，况周颐《蕙风簃词选》等，皆因规制太小而影响不足。唯上彊村民仿《唐诗三百首》体例所选《宋词三百首》，撷众家之长，疏密兼收，情辞并重，沾溉甚远。龙榆生评曰："以尊体诱导来学之词选，至此殆已臻于尽善尽美之境，后来者无以复加矣！"

一、上彊村民与《宋词三百首》的编选

上彊村民即朱祖谋（一八五七——一九三一），原名孝臧，字藿生，一字古微，浙江归安（今湖州）人，因世居归安埭溪渚上彊山麓，故号"上彊村民"，又号沤尹。光绪九年（一八八三）进士，历国史馆协修、会典馆总纂总校、翰林院侍讲、礼部侍郎兼署吏部侍郎。光绪三十年，出为广东学政，因与总督不睦，辞官归隐苏州。朱氏早岁工诗，风格近乎东野、山谷，陈衍称其为"诗中之梦窗"。光绪二十二年，专力于词，遂为近代词学宗师，与王鹏运、况周颐、郑文焯并称清季词学四大家。其词宗法梦窗，晚年更趋浑成，王国维《人间词话》中称其"学人之词，斯为极则"。朱氏曾遍访南北藏书家善本，精审严校，编刻《彊村丛书》，汇集唐、五代、宋、金、元词总集五种，别集一百六十三家，乃迄今较完善之词集。

《宋词三百首》乃朱祖谋晚年所编订。朱氏中岁治词，受王鹏运指引甚大，其后两人合校梦窗词，交游唱和甚多，朱氏的前期词学思想也于此形成。王鹏运对周济《宋四家词选》退苏进辛、取王沂孙为四家之首颇感不满，有意为苏轼叫屈。这种倾向对朱氏编选《宋词三百首》不无影响。朱祖谋与况周颐唱和亦较多。张尔田《词林新语》曰:"归安朱彊村,词学宗师。方其选三百首宋词时,辄携钞帙,过蕙风簃,寒夜啜粥,相与探论。继时风雪甫定,清气盈宇,曼诵之声,直充闾巷。"可见况氏对《宋词三百首》的编选影响也不小。

二、《宋词三百首》的四个特点

一是推崇吴文英。《宋词三百首》中选梦窗词二十四首,为集中之最。朱祖谋中岁学词即从梦窗入手,一生四次校订《梦窗词》,费心历时。王鹏运曰:"自世之人知学梦窗、知尊梦窗,皆所谓但学兰亭面者。六百年来,真得髓者,非公更有谁耶?"可知朱氏深得梦窗神髓。其实,推崇梦窗就是推崇格律。《宋词三百首》另选周邦彦二十三首,姜夔十六首,吴、周、姜再加上王沂孙等格律派词人,几乎占据全书三分之一篇幅。吴梅《宋词三百首笺序》曰:"彊村所尚在周、吴二家,故清真录二十二首,君特录二十五首,其义可思也。"说的就是这个意思。朱氏治词恪守格律,王鹏运称他为"律博士"。陈匪石《声执》曰:"守律之声家,悬为厉禁,近日朱、况诸君尤斤斤焉。而宋词于此，实不甚严，即清真、白石、梦窗亦或不免。"可见，朱祖谋推崇吴文英的用意所在。

二是重视豪放词。《宋词三百首》选苏、辛词二十二首，可谓伙矣。朱氏喜爱东坡词，曾为其编年。在创作中他也有意融合东坡、梦窗两家，求得"疏密相间"的效果。冯煦《东坡乐府序》曰："彊村颇嗜坡词。"蔡嵩云《柯亭论词》曰："彊村慢词，融合东坡、梦窗之长，而运以精思果力。学东坡，取其雄而去其放；学梦窗，取其密而去其晦，遂面目一变，自成一种风格。"卢前《望江南·饮虹簃论清词百家百三十四集》曰："老去苏吴合一手，词兼重大妙于言。"所指的都是这一点。对东坡的重视其实是朱氏对自己前期词学思想的调整，于"密"中寓"疏"，意在扩大词学门庭，对后学也是一种启发。

三是选取了不少爱国词，尤以反映故国之思、黍离之悲的南宋遗民词居多。这当然与朱氏的遗民身份有一定关系。《宋词三百首》的编选体例乃是传统的先帝王后女流，帝王部分又首选宋徽宗《燕山亭》，盖有微志寓焉。吴梅《宋词三百首笺序》曰："虽然彊村此选冠以徽宗《燕山亭》北行见杏词，又录王圣与《献仙音》、姚圣瑞《紫荑香》二阙，读'故宫何处，明月归辇'及'长楸走马，歌罢涕零'诸语，白头吟望，其意未有易明言者焉。夜阑削稿，良用怃然。"确属恳切之论。爱国情怀、民族气节是中国古代文学的重要脊梁，千载以下，爱国词依然令我们怒发冲冠、热血沸腾，我们这个民族永远都需要这样的豪情与壮志。

四是选了一些非名家的词，如萧泰来、蔡幼学、李玉等人。有些词人仅存一两首词，也被选入，如徐伸（存词一首）、廖世美（存词两首，选一首）等。朱祖谋摒弃一些大家的名作，留出空间选入这些无名之作，显然有因词存人的用意。需要注意的是，况周颐的《蕙风词话》对这些无名之词颇多品评，如评韩疁《高阳台》曰"此等词语浅情深，妙在字句之表"，评章良能《小重山》曰"章文庄公《小重山》词，雅韵天然，不假追逐"，等等。朱祖谋选入这些词作与况周颐也许不无关系吧。

三、《宋词三百首》的四个版本

《宋词三百首》曾历经三次增删，共有四个版本。最先为手稿本,选词八十六家、三百一十二首。原稿朱氏手抄赠送友人陈曾寿,现藏浙江图书馆。其后为一九二四年刻本,在稿本基础上增补陆游、韩疁两家,删去赵鼎一家,比原稿多出一家,为八十七家。其中李重元《忆王孙》一词误列李甲名下,实为八十八家。删去苏轼等人二十一首词,增补姜夔等九首,共三百首。第二次增删又在刻本基础上删去苏轼等人二十八首词,增补辛弃疾等十一首,共二百八十三首。据唐圭璋先生《宋词三百首笺》附录所知,最后一次增删仅增补林逋《长相思》、柳永《临江仙》两首。一九三四年,唐圭璋先生以第二次增删本为底本,在神州国光社出版《宋词三百首笺》,这是《宋词三百首》编成后的第一次笺注,影响颇大。一九四七年,唐先生以一九二四年刻本为底本,在神州国光社重新出版《宋词三百首笺》,这是名副其实的"宋词三百首"。然中华书局一九五九年、上海古籍出版社一九七九年重版唐圭璋《宋词三百首笺》时,所依据者皆为一九三四年本,以致有人指责作品并不是真正的"宋词三百首"。

南宋道教题材《天官图》

一代有一代之文学

《元曲三百首》导读

康震
北京师范大学文学院副院长、教授、博士生导师

向铁生
北京师范大学文学博士、湖南大学文学院讲师

一、元曲概况

唐诗、宋词之后，中国文学迎来了又一座高峰——元曲。正如元代人罗宗信《中原音韵序》所言："世之共称唐诗、宋词、大元乐府，诚哉！"其中亦可见元人自己对元曲之看重，认为其已然可与唐诗、宋词并立而三。这种观念也是一种创作的自觉，带来了元曲创作的丰收。综元一代，元曲在题材内容、技巧手法及传播影响等方面表现均远超诗词，成为元代之最佳文学样式。其后王国维在整理研究宋元戏曲时更是据此提出一代有一代之文学的概念："楚之骚、汉之赋、六代之骈语、唐之诗、宋之词、元之曲，皆所谓一代之文学，而后世莫能继焉也。"（《宋元戏曲史》）评价精当，可谓的论。

同宋词一样，元曲本身也是音乐与文本的统一体。不过比宋词的音乐性更为复杂的是，元曲的音乐性不光包括"曲牌"，还有"宫调"在内。"曲牌"同"词牌"类似，是各种曲调的泛称，每个曲牌大体上都规定了相应的曲调和唱法，同样的，其字句、平仄等也有相应的规则。曲牌名有自词牌名而来的，但体制、内容并不一致，已多有发展变化。"宫调"则是元曲中曲调的调式。元曲中使用的宫调主要为五宫四调,即仙吕宫、南吕宫、中吕宫、正宫、黄钟宫和大石调、商调、越调、双调。各宫调音乐不同,风格和唱腔也不同。有的比较悲壮雄阔,有的比较哀感低沉,有的比较缠绵悠远。不同曲牌的调式接近,则属于同一宫调。元曲杂剧创作换宫调时往往也伴随着换韵现象。元曲同宋词不同之处还在于衬字的使用。元曲中可以在规定的曲律之外使用衬字以表达曲意和丰富声情,衬字的多少并无限制,如关汉卿的《南吕·一枝花·不伏老》:"我是个蒸不烂煮不熟槌不匾炒不爆响当当一粒铜豌豆。""响"字前加了十几个衬字,可谓多矣。正是由于衬字的存在,同一曲牌的曲子往往出现字数不同的现象。

从形制上讲,元曲包括杂剧和散曲两大类。其中散曲又可分为小令、带过曲和套数三类。小令是指独立成篇的单支曲子。带过曲主要是指由两支或三支单曲组成的曲子,因为是由前一支曲子连带后曲,故称。一般两曲之间以"带""过"或"兼"命名。如《快活三过朝天子四边静》一曲即由《快活三》带《朝天子》和《四边静》两曲共同组织而成。套数又称套曲,一般由三支或三支以上的曲子组织成篇，同套曲押韵相同，文体上多用衬字，更加灵活，也更加散漫。我们一般所说的元曲主要是指散曲，特别是散曲中那些当行本色、雅俗共赏、嬉笑怒骂、风情万千的小令和带过曲。元人罗宗信《中原音韵序》中自诩的"大元乐府"即是指此，其后效仿蘅塘退士《唐诗三百首》和上彊村民《宋词三百首》而选的《元曲三百首》也是如此。

二、关于《元曲三百首》

清中叶之后，蘅塘退士《唐诗三百首》流传甚广，几乎家置一编。民国时期上彊村民仿《唐诗三百首》选成《宋词三百首》并刊刻问世，渐为人知。而元曲则尚无一个影响较广的选本。鉴于此，曲学大家吴梅先生的高足任中敏先生于一九二六年编成《元曲三百首》，其后同门卢前先生略加删补，于一九四五年初在中华书局出版，仍名为《元曲三百首》。此后，这一本子成为影响最大的元曲选本。自问世以来，以此本为据进行译注、赏析的《元曲三百首》层出不穷，逐渐取得与《唐诗三百首》《宋词三百首》并驾齐驱的地位。但任、卢二先生所选过于集中名家,有体例失衡之处,其后也多有学者以任、卢二先生选本为蓝本重新编选,仍名为《元曲三百首》。这些重新编选本中,中华书局"中华经典藏书"系列中解玉峰先生所选较为突出,兼顾了作品及体例的平衡性,所增补作品也较有代表性,是以此次整理评注《元曲三百首》,我们综合考量之后即选取了这一本子。

三、《元曲三百首》的特点

(一)注重了名家名作的均衡性。任、卢两先生所选《元曲三百首》中,马致远选了三十一首、乔吉选了三十首、张可久选了四十首,三家合计一百零一首,占去全部篇目的三分之一。而元曲四大家之一的关汉卿只选了六首,另外一家郑光祖则一首也没有。元后期重要曲家汤式只选了其中两首小令。从体例上来说,这是轻重失衡的表现。解选则增补关汉卿至十五首、汤式至九首,另外郑光祖选入三首,适当删减了马致远、乔吉、张可久三人的篇目,使得其入选作品既有代表性,又不至于题材重复过甚,以致读者产生审美疲劳。

（二）选入了许多非名家的作品，带有因曲存人的意味。任、卢二先生选本中，已有部分曲家存世作品极少，甚至只有一首也选入的情况，如张子坚的《得胜令·宴罢恰初更》等。解选中加强了这一点，如增补了真真、李伯瑜、杜遵礼、周浩、程景初等人，这几人均仅存曲一首而得入选，很明显蕴含了选家因曲存人的意思。

（三）兼顾了选曲风格、题材的多样性。任、卢二先生选曲注重词曲之别，故特推重曲之当行本色，对于曲中典雅端正而与诗词相近的曲作多摒弃不录。解选中既注重曲之本色，此类依然入选最多，也选入了多首风格典雅而近乎词作的小令。同时，还增选了一些社会性强、讽刺性极浓的曲子，如《中吕·朝天子·志感》三首、《正宫·醉太平·讥贪小利者》等。另外，任、卢两先生的选本中，隐逸题材最为集中突出，可谓"满纸渔樵话沧桑"。

（四）正编之外以附录的形式增补了四篇套曲。任、卢两先生选本并没有选套曲，解选则基于曲的体例而增补了套曲部分。我们通常所说的元曲实际上多是指那些大家耳熟能详、雅俗共赏的小令，另外，节选套曲中的一支对于套曲的理解也有割裂之虞，任、卢两先生或是出于这方面考虑而为之。

小说类

《搜神记》导读

鬼怪异闻「信史」录

赖庆芳

珠海学院中文系副教授、
香港作家联会学术部副主席

一、《搜神记》的时代背景

先秦时期流传的小说，不离神话与传说的色彩。该等神话传说的内容，大多反映初民与大自然搏斗的情况。如《山海经》之奇山异川、半人半兽，盘古开天辟地（见于徐整《三五历记》），女娲补天（见于《淮南子·儒教篇》），夏禹治水（见于《史记·夏本纪》）等，皆属此类题材。两汉的小说，在精神层面继承了先秦时期的神话传说色彩、述奇志怪的特点，却不再是祖先与大自然搏斗的事迹，而是转向充满了神仙灵异的思想内容。据说此种转变是由秦始皇寻求长生不老之药开始，加之汉武帝有相同欲望的推助，形成两汉以后（尤其在魏晋时期）方术之学及符箓炼丹之术盛行。鲁迅《中国小说史略》：

> 中国本信巫，秦汉以来，神仙之说盛行，汉末又大畅巫风，而鬼道愈炽；会小乘佛教亦入中土，渐见流传。凡此，皆张皇鬼神，称道灵异，故自晋讫〔迄〕隋，特多鬼神志怪之书。其书有出于文人者，有出于教徒者。文人之作，虽非如释道二家，意在自神其教，然亦

非有意为小说。盖当时以为幽明虽殊途，而人鬼乃皆实有，故其叙述异事，与记载人间常事，自视固无诚妄之别矣。

鲁迅提出：魏晋至隋多鬼神志怪之书，是由于汉末的神仙之说盛行，巫风兴起，以及佛教传入，著作有出自教徒，亦有出自文人之手。佛教及道教的神仙故事，是为了弘扬其教派；而文人之所记，是因为他们相信生死虽不同，而人鬼实有，故记叙异常之事与人间常事，以说明二者没有太大分别。

鲁迅之言揭示了志怪小说盛行的宗教原因，以及干宝创作《搜神记》的时代背景。魏晋时期，充满神仙灵异思想的小说盛行，原因有三：

一、政治环境：魏晋南北朝是中国历史上的动荡时期之一，朝代及国家不断更替，社会上兵荒马乱，百姓难以安逸生活。文人及百姓只能将反抗情绪和追求理想的愿望寄托在神秘的妖怪鬼神身上，因而创作了不少与鬼神相关的故事。

二、宗教影响：魏晋南北朝时期，志怪小说大量涌现，与宗教的传播可谓有密不可分的关系。是时，因宗教传播的规模盛大，释、道二家的故事在民间广泛传播，传播者并非有意为小说，意在宣扬其教派。魏晋时期，迷信的风气超越前代，上至皇帝大臣，下至平民百姓，多信奉神鬼，社会亦广泛高调谈论鬼神。

三、谈风盛行：魏晋六朝，文士之间流行"清谈"和"闲谈"的风气。所"谈"的内容，主要是品评人物及谈论老庄哲学。品评人物的风气，是承接汉末清议之风而来，因魏晋时期以"九品中正制"选拔官吏而盛行。在"九品中正制"之下，朝廷要求各郡考察正直（中正）之人，以九个级别评定，推选有声望者为官，故评论人物品格学问之风盛行。此外，文人喜爱谈论老庄的哲学，借此逃避混乱而残酷的现实。这种谈风对小说影响很大，文人聚在一处，或说说嘲讽戏谑之话，或谈论老庄思想哲学，或评论古今不同人物，直接推动了小说的盛行。

魏晋时期的小说，有成仙成道的传说，有生死轮回的果报，有俊逸的士子故事，以及诙谐幽默的趣事，为后世的小说分流为"志人"及"志怪"两个发展方向奠定了基础。志人小说，开始强调人物言行的描绘，与今之小说内涵较接近。志怪小说，则充满道家的飞升之事，或佛家生死果报之思想。此时期的小说，保留了"道听涂说"（《论语·阳货》）

的传统，用字少而篇幅短。因作品散佚甚多，作者多是伪托。现存作品有佚名的《列异传》、干宝《搜神记》、托名陶潜的《搜神后记》、吴均《续齐谐记》等等。其中，尤以《搜神记》最为著名。

二、《搜神记》的创作

《搜神记》主要写神鬼怪异、灵异梦卜、妖精怪物、历史传说等等题材。《晋书》云撰者乃干宝。干宝，字令升，新蔡人士。大约生活于晋武帝太康至晋穆帝永和年间（二八〇—三五六），曾于晋朝领编国史，著《晋纪》而被人称作"良史"，因为平乱有功而获赐爵"关内侯"。据说他搜集了许多古今怪异故事而编成《搜神记》，其著述动机除了受当时社会信奉鬼神的浓厚风气影响，乃为证明世上有鬼神的存在。《搜神记》序云：

> 虽考先志于载籍，收遗逸于当时，盖非一耳一目之所亲闻睹也，亦安敢谓无失实者哉！卫朔失国，二传互其所闻；吕望事周，子长存其两说，若此比类，往往有焉。从此

观之，闻见之难一，由来尚矣。夫书赴告之定辞，据国史之方册，犹尚若兹，况仰述千载之前，记殊俗之表，缀片言于残阙，访行事于故老，将使事不二迹，言无异途，然后为信者，固亦前史之所病。然而国家不废注记之官，学士不绝诵览之业，岂不以其所失者小，所存者大乎！今之所集，设有承于前载者，则非余之罪也。若使采访近世之事，苟有虚错，愿与先贤前儒分其讥谤。及其著述，亦足以明神道之不诬也。

大意是：虽然在记载的典籍之中考究先贤前人的记录，在当今世代收集遗闻逸事，却并非一对耳朵一双眼睛亲耳所听、亲眼所见，岂敢说没有失实的地方。惠公姬朔（前六九九年登位）失掉卫国，《公羊传》《穀梁传》两书传记都各有其记录；吕望（即姜子牙，人称姜太公）事奉周天子，司马迁（字子长）保留了两种说法，像如此的同类例子，往往都有。由此看来，所听所见很难一致，这是由来已久的。大凡经书有关崩薨祸福赴告之叙述，都是根据国史的典籍方册撰写，尚且如此，更何况追述千年以前的事，记录殊异习俗的章表，在残缺之中缀联片言只字，在昔日父老之中采访行迹事实，要使事情没有不统一事迹，所论述的没不同的说法，然后才确定为可信，固然亦是前代史书（未能达至而为人所知）的弊病。然而，国家不废置注文记录之官员，文人学士不断绝诵读阅览的学业，岂不是因为它（此弊病造成）的缺损失误小，而所保存的讯息道理大（故所获得的好处亦大）。现在此书所搜集的，假若乃承袭前人所载的（个中若有虚言妄语之处），则不是我的罪过。若是我采访得来的近世事情有虚构错误的，愿意与古代的贤者及儒士分担那讥讽训斥。至于此书所述的内容，亦足以证明鬼神之说不是诬罔欺骗之言。从序言可知，干宝之撰写《搜神记》确乃欲证明鬼神之存在。

然而，据《晋书》所记，干宝之所以撰写《搜神记》，除了他本人喜好阴阳术数之说，好读京房（字明君）及夏侯胜（字长公）等人的传记之外，全乃有感而作。《晋书》记录干宝父亲的婢女曾被埋葬十余年而复生。《晋书·干宝传》云：

> 宝父先有所宠侍婢，母甚妒忌，及父亡，母乃生推婢于墓中。（干）宝兄弟年小，不之

审也。后十余年，母丧，开墓，而婢伏棺如生，载还，经日乃苏。言其父常取饮食与之，恩情如生。在家中吉凶辄语之，考校悉验，地中亦不觉为恶。既而嫁之，生子。

干宝父亲亡故，其母将丈夫生前的宠婢推入墓中。因干宝兄弟年幼而没有去审察。之后十余年，母亲亡故，兄弟开启父墓以安排合葬，结果发现婢女伏在棺上未死，于是带她回家。几日后婢女苏醒，说是他们的父亲取东西给她吃，主仆恩情如旧，家中吉祥凶兆之事往往能说出，而且经考校，一一应验；她又不厌恶墓穴里的环境。后来她嫁了人，诞下孩子。为此，干宝深信人可以死而复活。

据《晋书》所记，干宝的兄长亡故多日而复生，更诉说各种鬼神事情，仿如做梦而醒，不知自己曾死。

> 又宝兄尝病气绝，积日不冷，后遂悟，云见天地间鬼神事，如梦觉，不自知死。（干）宝以此遂撰集古今神祇灵异人物变化，名为《搜神记》，凡三十卷。

其兄病亡气绝多日而身体没有变冷，干宝心有所感，因而搜集古今神灵鬼异、人物变化，合编成《搜神记》，共计三十卷。

总括而言，若论干宝何以撰写《搜神记》，一乃魏晋时代，信奉鬼神之风气盛行，喜好阴阳学说的干宝在此环境氛围之下，对鬼神之逸闻产生浓厚兴趣；二乃自身经历所致，据说其父侍婢被迫陪葬，活于墓中十多年，其兄也曾死而复生，令他决心搜集有关鬼神的故事；三乃他有意证明世间确有鬼神，故引前人之记录，探访近世的事迹，借此一一印证。

三、《搜神记》的内容

《搜神记》全书本有三十卷，今仅存二十卷。据述乃明万历年间（一五七三——一六二〇）胡震亨编刻《秘册汇函》之版本。《四库全书提要·子部十二·小说家类》：

> 《搜神记》二十卷：旧本题晋干宝撰。证以古书所引，或有或无，其第六第七卷乃全钞

《续汉书·五行志》，一字不更，殆亦出于依托。然犹为多见古书之人，联缀旧文，傅以他说，故核其体例俨然唐以前书，非谛审详稽不能知其伪也。

其大意是：《搜神记》二十卷，旧本题作晋朝干宝所撰。其所述内容，以古书引证，有的故事有出处，有的则没有，书中第六及第七卷全部抄录自《续汉书·五行志》，一字没有更换，大概亦是出于托名之作，非原来作品。作者该是多阅览古书的人，能缀联旧日的文章，辅以其他著述的说法，故此核查其体例风格，发现很像唐代以前的著作，若不仔细审核，实在不能辨别其真伪。

现存二十卷《搜神记》的内容，粗略可分成八个部分：

第一部分（第一至三卷）：论仙人方士、长寿得道者。

第二部分（第四至五卷）：写预言应验、梦卜成真。

第三部分（第六至十卷）：录先秦至汉末的奇物奇事、奇梦妖怪。

第四部分（第十一卷）：写历史人物传说。

第五部分（第十二至十四卷）：述异人异物异兽。

第六部分（第十五至十六卷）：记魂魄再世复生。

第七部分（第十七至十九卷）：论精怪作祟遗害。

第八部分（第二十卷）：述救害兽禽的因果报应。

《搜神记》的记述，有的是承传前人的作品，有的乃干宝当时采访所得，因非亲耳所听、亲目所见，难免有虚构之处，作者自言甘愿承担讥谤及批评。他在序文中已陈述己之心志："苟有虚错，愿与先贤前儒分其讥谤。及其著述，亦足以明神道之不诬也。"

干宝撰录的《搜神记》，其来源主要有二：一是承继前人典籍所载；二是采访近世之事。为此，他录述了不少正史人物的故事，使《搜神记》成为正史的参考著书。如《搜神记》卷十一《王裒》：

> 王裒，字伟元，城阳营陵人也。父仪，为文帝所杀。裒庐于墓侧，旦夕常至墓所拜跪，攀柏悲号，涕泣着树，树为之枯。母性畏雷，母殁，每雷，辄到墓曰："裒在此。"

《晋书》卷八十八《孝友传·王裒》几乎全录其文。而《搜神记》卷十一的《东海孝妇》则承传自

《汉书》卷七十一《于定国传》。故事写孝妇被冤枉毒杀家姑而判死刑，以致东海郡三年大旱，直至新太守上任，于公为她平反："孝妇不当死，前太守枉杀之。"新太守亲身祭祀孝妇，于墓前立碑表扬其孝行，才降下大雨来。

就《搜神记》的小说题材内容而言，优秀的作品主要有以下各类：

1. 记录忠孝节义的故事

作者借着故事歌颂忠孝、贞节、仁义和正直的人物，如《温序死节》写护军校尉温序宁死不降逆贼的事迹。又如《谅辅祷雨》写广汉郡新都县的属官谅辅见天旱无雨，百姓受苦，因而欲显其诚，用自己的身躯求雨。正当他堆积起柴枝准备自焚时，雨水倾盆落下，使万物得到润泽。又如《相思树》写韩凭夫妇对爱情的坚贞专一。故事讲述韩凭妻子何氏长得貌美，被宋康王强抢占有，何氏暗传矢志不渝的书信给夫婿，结果与夫婿先后殉情。死后，二人墓前长出了两棵梓树，互相纠结在一起，树上更有一对鸳鸯鸟交颈悲鸣。作者借此颂扬夫妻对爱情的忠贞不贰。

2. 述说人与鬼魂的故事

作者借着鬼魅向人的倾诉求助,以及人与鬼魅之交往及相处,印证鬼神的存在。如《鹄奔亭女鬼》写苏娥被杀害而向刺史申诉冤情,《蒋济亡儿》写蒋济已故的儿子向父母求助。然而,最为人赞赏的是人鬼相恋的故事。故事展现人死后对爱情的渴望和执着,对在世情人的关心和眷恋。如《紫玉与韩重》,写吴王夫差十八岁的小女儿紫玉与书生韩重相爱,因父王不许她下嫁韩重而抑郁病亡。死后,游学回来的韩重到墓前拜祭。紫玉与他尽诉相思之情,行了夫妻之礼,又赠他径寸大的明珠。故事哀怨动人,令人感慨。

3. 为民除害救灾的故事

主要记述善良仁义的百姓甘愿牺牲自己,为大众消除祸害及灾难,谋求安逸和福祉。如《李寄斩蛇》,写十二三岁的李寄自荐为祭祀的童女,一为减轻父母养育子女的负担,二为换取金钱补助一家的生活,三为为民除害。李寄以大无畏的精神,带着咬蛇犬杀了大蛇,替将乐县的百姓除害,更得东越王聘纳为王后。又如《何敞消灾》写方士何敞为吴郡百姓消除蝗蟓之灾后,隐居遁世的事迹。

4. 因果循环报应的故事

故事展示世间因果报应不爽，婉转劝诫世人多行仁义，去除不义之举。如《黄雀报恩》写黄雀夜送四枚白玉环予救命恩人；又如《猿母哀子》述猿母断肠而死后，施虐者遭瘟疫灭门之祸；又如《董永与织女》写董永十分孝顺父亲，父亡后卖身葬父，故感动天帝，天帝派遣织女下凡协助他偿还卖身的债务。

二十卷《搜神记》收录了很多神仙鬼怪、妖精梦卜、还魂报应、人鬼相恋等故事。由于作品多搜集于民间，故保存了不少优秀动人的民间传说。诸如此类的鬼神异事，构成《搜神记》独有的怪异色彩。此浓厚而独特的色彩使它成为魏晋南北朝志怪小说的代表作之一。

四、《搜神记》的艺术特点

在艺术技巧方面，《搜神记》有以下几项特点：

1. 故事结构完整

《搜神记》收录的作品中，有不少故事的结构完整而情节曲折，内容趋向丰富充实，篇幅亦较前人作品为长，开拓了小说长篇幅的体制。如《李娥》一故事以倒叙法陈述，先写李娥的邻居蔡仲盗墓，令李娥死而复生。再写县吏捕获蔡仲，县太守查问李娥复生的经过。李娥解释乃地府司命误召她，故推使邻人蔡仲盗墓。太守得知真相后，上书朝廷请求赦免蔡仲的死罪。作者再倒叙李娥从地府返回人间途中，遇上表兄，表兄请她带信给在世的儿子，相约儿子一家在城南会面。儿子得信而不解阴间语言，请人解之，再带家人前往赴会，终能会晤亡父，又得父亲赐送药丸，保其一家免受妖疠之灾。小说的结构完整有序，情节曲折离奇，故事的推进合乎情理。

2. 细节描写细腻

作者注重细节描写，借以推进故事发展和渲染场景气氛。《搜神记》的细节描写出色，可媲美后世优秀之小说。如上文提及的《李娥》，地府司命放李娥返回人间，她立刻反问：其形体已为家人埋葬，如何走出坟墓？又问：自己不懂返回阳间的路，又因乃弱质妇孺而不能独自行走，能否得一人同行？由此才衍生了盗墓者蔡仲及同期遭返阳间的乡人李黑。

又如《相思树》把两棵树的生长描写得十分仔细：

> 宿昔之间，便有大梓木，生于二冢之端，旬日而大盈抱，屈体相就，根交于下，枝错于上。又有鸳鸯，雌雄各一，恒栖树上，晨夕不去，交颈悲鸣，音声感人。宋人哀之，遂号其木曰"相思树"。

渲染了夫妻不能合葬，只有墓冢可相望的悲哀。故此，墓前的两棵梓树屈曲而生，树根交结于下而丫枝交错于上，情景凄美；作者借鸳鸯鸟的交颈悲鸣，揭示夫妻两人死后仍相依不离。

3. 善用诗歌韵语

作者述写故事之时，在行文之间加插了诗歌及韵语，增添了典雅的文学色彩。如《相思树》写韩凭夫妻殉情的故事，韩妻何氏写的一封信云："其雨淫淫，河大水深，日出当心。"用的是简洁的韵句。又如《紫玉与韩重》一故事，紫玉唱的一首歌：

> 南山有鸟，北山张罗；鸟既高飞，罗将奈

何!意欲从君,谗言孔多。悲结生疾,没命黄垆。命之不造,冤如之何!羽族之长,名为凤凰;一日失雄,三年感伤;虽有众鸟,不为匹双。故见鄙姿,逢君辉光。身远心近,何当暂忘?

以韵文诗的格调,展示紫玉悲苦的心情。故事中加插诗歌及韵语,令叙事的方式富于变化,同时增强小说的艺术吸引力。

4. 善用对话刻画人物

作者善于运用对话刻画人物的情感和个性,如《谈生鬼妻》写谈生年轻貌美的妻子斥责谈生以烛火相照时的话:"君负我。我垂生矣,何不能忍一岁,而竟相照也?"充分表现出她愤怒、哀伤和绝望之情。即使谈生道歉谢罪,她仍然哭泣流泪而不可自控。又如《李寄斩蛇》写李寄自荐为祭蛇童女的一段对话:"……女无缇萦济父母之功,既不能供养,徒费衣食,生无所益,不如早死。卖寄之身,可得少钱,以供父母,岂不善耶?"表现了李寄至诚的孝心之余,亦展示她坚决果敢的个性。她欲借卖掉自己来减轻父母的经济负担,并借此获取少许金钱以供养父母。父母纵然不让她去送死，她还是偷偷地前往应征。

五、《搜神记》的价值

《搜神记》影响深远，及至六朝志怪作品、唐代传奇、宋元话本、明清长篇小说，在艺术手法方面可谓继承了《搜神记》的发展方向。有的作品甚至在体制及内容上，明显采用了《搜神记》的故事内容。例如梁朝吴均《续齐谐记·杨宝》乃出自《搜神记·杨宝》，唐代沈既济的《枕中记》、李公佐的《南柯太守记》可谓源于《搜神记》的《焦湖庙巫》及《审雨堂》。

至宋明时期，话本流行，《清平山堂话本》中《死生交范张鸡黍》亦不外取自《搜神记·死友》中范巨卿及张元伯的故事。元朝关汉卿（约一二二〇—一三〇〇）的杂剧《感天动地窦娥冤》也源于《搜神记·东海孝妇》。明朝汤显祖（一五五〇—一六一六）的《邯郸梦》源于唐传奇《南柯太守记》，而《南柯太守记》则源于《搜神记》的《焦湖庙巫》。

《搜神记》在当时的影响已很深远,故出现续写的著作《搜神后记》,共十卷。不知何许人所撰,只能肯定乃隋朝之前的作品。清代《四库全书提要·子部十二·小说家类》:

> 《搜神后记》十卷:旧本题晋陶潜撰。考潜卒于宋元嘉四年,而书中有元嘉十四年、十六年事,其伪可不待辨。然其书文词古雅,体例严整,实非钞撮补缀而成,亦非唐以后所作,故《隋志》著录,而唐人所引文,亦一一相合,盖犹隋以前之完帙也。

时至现代,《搜神记》的影响依然恒久不衰。如二十世纪五十年代的戏剧电影《天仙配》,六十年代的国语电影《七仙女》,皆源自《董永与织女》的故事。

从国际视野而论,《搜神记》印证了很多与西方文化的巧合。例如,丹麦的安徒生(一八○五——一八七五)童话《野天鹅》、德国的天鹅故事(据悉被译为《被施法的面纱》),以及后来衍生的俄国芭蕾舞剧《天鹅湖》,乃十八九世纪西方著名的童话。原来早于四世纪的晋朝,已有鸟儿化为美女的故事,

《搜神记》的《羽毛女》便是一例证。西方的《圣经》故事里，耶稣行神迹，以五饼二鱼喂饱五千人，恰巧中国则有《蓟子训长寿》，述蓟子训以斗酒片脯令京城数百名公卿大夫吃饱饮醉，酒也是倒之不尽，肉干亦是取极还有。

此外，中国对日本的文化影响深远，如现代日语里，有不少字词乃承传中国古代汉语而来的，例子可见于《搜神记》。日语的"仆"（ぼく boku）是男子谦称"我"的意思，实乃晋朝时期已通用的自称，如《鬼扮虞定国》一故事中，虞定国在苏公面前谦称自己为"仆"。

六、小结

《搜神记》诸篇故事弘扬"善有善报、恶有恶报"的思想，亦讽刺为官不仁、贪财贪色之徒，赞美为民请命、仁义孝顺之士，又歌颂至死不渝的爱情。然而，干宝亦刻意描述鬼神心志之难测、忠奸的难分，令百姓产生敬畏之心。《搜神记》记录了不少民间传说，成为研究古代文化风俗的佐证参考：如古人对大自然世界不太了解，时以牺牲性命之法求雨求福。研究小说，不可不读《搜神记》，因为它是文言小说步向成熟的重要里程碑。

七、选章规则

本书《搜神记》乃"新视野中华经典文库"之一，由于读者主要是公众，故花了三个月时间筛选篇章，所选篇章基于以下考虑因素：

（一）富有教育意义：可以启发世人，或引人深思。如书中有不少作品展示古代不同阶层百姓及士子的忠、义、节、孝、廉等高尚情操及美好品德，皆优先选录。

（二）富有小说情节：《搜神记》乃魏晋时期的重要小说著作，其情节内容皆具现代小说雏形，故特选取情节丰富的故事，让读者欣赏古代小说作品的精彩内容。

（三）富有怪异色彩：由于此书名为《搜神记》，故此不可不选个中怪异的作品，如论男女变性结婚之事、鬼神与人交往之事，以及神兽妖怪之灵异事情。

由于按卷一至二十而选，有的卷数较精彩益智，故选取的较多，有的卷数则因为较粗陋简短，选取较少。故事内容相近的，如灵兽报恩的故事，亦只选一二篇，其余差不多者则不再选。有些著名篇章，如《三王墓》，虽有曲折丰富的故事情节，唯内容写为父报仇雪恨，主角不惜自杀割头，最终令报仇者、受命者、帝王共三人断头丧命；故事中颇有杀戮突兀之情节，恐怕有误年轻读者，故不选。未选的篇章内容，亦可从每卷的简介得悉一二。

一往情深：论《世说新语》中的社会结构、思想变迁及生命之痛苦

《世说新语》导读

陈岸峰

香港科技大学人文学部文学博士，现任职于香港大学

一、前言

东汉末年,外戚干政,宦官当权,杀戮频生,群雄并起,天下三分。最终却是魏灭蜀汉,而螳螂捕蝉,黄雀在后,司马氏先代魏而后再灭吴,中国再度统一。可是,晋武帝又犯下大肆分封之弊,先是八王造反,从而又诱发"永嘉之乱"。晋室仓皇东渡,在王导(茂弘,二七六—三三九)等人的拥立下,晋元帝司马睿(二七六—三二三)在南方创建了东晋政权。[①]然而此后的一百多年,权臣迭现,祸乱频繁,先有王敦,后有桓温(元子,三一二—三七三)。幸先有王导、后有谢安(安石,三二〇—三八五),安内攘外,压抑、化解权臣篡位的野心。特别是谢安任宰相期间,运筹帷幄,决战千里,"淝水之战"令前秦"草木皆兵",终至溃败以至亡国,为偏安一隅而凄惶不可终日的小朝廷,再造中兴气象。

在此衰乱的时代,士人纷纷挣脱儒家之桎梏,奔向道家的解放,由性至情之转变,痛生命之短促,悲人生之无常,骚人墨客唱出了阕阕生命的悲歌。由刘

[①] 关于王导在东晋之建立过程中如何安抚并笼络东吴士族与豪强的高明之处,可参阅陈寅恪《述东晋王导之功业》,《金明馆丛稿初编》(上海:上海古籍出版社,一九八〇年),页四八—六八。

义庆(季伯,四〇三—四四四)及其门客所编撰之《世说新语》,记载的就是这个衰败而又灿烂的时代。

二、才情勃发

(一)从门阀制度到唯才是举

在东汉的门阀制度之下,纨绔子弟也可以平步青云、扶摇直上。例如,曹操(孟德,一五五—二二〇)从小瞒上欺下,与袁绍两人均为京城恶少,胡作非为,连抢人家新婚媳妇的事也干得出(《假谲第二十七》第一则),[①]而后来竟然举了"孝廉"。[②]仅此一例,足见这制度的荒谬。从此,曹操便进入了官场,此后大半生的纵横捭阖,基本上也就是将少年时代在京师的一套玩意儿,全搬在了政治与战场上而已。更荒谬的是,推翻这制度的人,竟亦就是受益者曹操,为了罗致人才,他"周公吐哺"之余,更具体提出了"唯才是举"的招贤纳才

[①] 见刘义庆等编著,刘孝标注,余嘉锡笺疏《世说新语笺疏》(北京:中华书局,二〇〇七年),下册,页九九九。
[②] 陈寿撰,裴松之注:《三国志》(北京:中华书局,二〇一〇年),第一册,卷一,页二。

的方法。①

"唯才是举"不问出身,打破了门阀的垄断,向社会全面开放,因此也就大大地提高了竞争性。在此新的标准下,"才"是关键,那么如何见得是真的有才华呢?这就得依靠大名士的汝南月旦②,曹操年少时也曾威逼利诱许劭(子将,一五〇一一九五)而得"治世之能臣,乱世之奸雄"之品评。③然而"唯才是举"只是口号而已,或许只在于动荡的三国时期才有它的实际效果,及至曹丕(子桓,一八七一二二六)时代,又确立了"九品中正"作为评定人才的方法,具体标准是:家世、道德以及才能,而又再分为九等。评核者名为"中正",是由本地在中央任职的二品以上的官员担任,实际的操作者当然是地方上的僚属。这就大有文章可作了。然而,古往今来,家世便代表一切,亦因如此,此制度遂有"上品无寒门,下品无士族"的问题。

---

① 陈寿撰,裴松之注:《三国志》,第一册,卷一,页三二。田余庆先生指出:"唯才是举……这当然是违反名教传统的。看起来,他(曹操)似乎决心要跟传统的名教决裂。"见田余庆《秦汉魏晋史探微(重订本)》(北京:中华书局,二〇一一年),页一四一。

② 《后汉书·许劭传》记载,汝南郡人许劭与许靖在每月的初一(月旦),均会发表对时人的品评,称为"月旦评"。

③ 有关曹操获得品评而成为"名士"的过程及其作用,可参刘蓉《汉魏名士研究》(北京:中华书局,二〇〇九年),页六八—七六。

虽然如此，利益所在，整体社会仍然热衷于品评。在谋求大名士之品评的过程中，"个体"就得想方设法，伺机突围而出。此处拈出"个体"，突显的是人的主体性，高门大族虽是树大好遮阴，但就连谢家的子弟如谢玄（幼度，三四三—三八八）自小也晓得自身亦必须如庭前的"芝兰玉树"（《语言第二》第九十二则），[1]家族方可永久。可以说，东汉乃世家大族所垄断，魏与西晋为名士的过渡时期，及至晋室东渡之后，汉代以来的门阀高第的世袭垄断，渐渐地便由新兴的士族所取代。[2]阮籍（嗣宗，二一〇—二六三）的父亲阮瑀（元瑜，？—二一二）便是"建安七子"之一。阮氏子弟多是一时才俊，在文学与音乐方面均有天赋，阮家亦渐渐地形成一新兴的"士族"，及至东晋，已跃居名门之列。《简傲第二十四》第九则记：

> 谢万在兄前，欲起索便器。于时阮思旷在坐，曰："新出门户，笃而无礼。"[3]

---

[1] 刘义庆等编著，刘孝标注，余嘉锡笺疏：《世说新语笺疏》，上册，页一七三。
[2] 可参阅刘蓉《绪论》，《汉魏名士研究》，页一—一十。
[3] 刘义庆等编著，刘孝标注，余嘉锡笺疏：《世说新语笺疏》，下册，页九〇八。

谢万(万石)之兄谢安,亦就是后来连狂傲不羁的李白(太白,七〇一—七六二)也为之倾倒终生,并为之歌唱"谢公东山三十春,傲然携妓出风尘"的那位千古风流人物,竟也在此因弟弟之牵连而受阮裕(思旷,生卒年不详)的嘲讽,由此益见士族地位的超然及其所带来的自信与倨傲。

"士族",亦即"士大夫家族",代表了"士"与"家族"概念的结合。"士族"是东晋南朝的"立国基石",具备了政治、社会以及文化上的优越地位。①钱穆(宾四,一八九五——一九九〇)指出:

> 门第精神,维持了两晋两百余年的天下。②

名门不可能一蹴而就,必须苦心经营,必须经得起风吹雨打。以东晋而言,昙花一现的所谓权臣不在少数,而真正的名门,只有琅琊王氏家族、太原王氏家族以及陈郡谢氏家族。三大家族人才辈出,文韬武略,各

---

① 相关论述可参阅毛汉光《两晋南北朝士族政治之研究》(台北:中国学术著作奖助会,一九六六年);苏绍兴《两晋南朝的士族》(台北:联经出版事业公司,一九八七年)。
② 钱穆:《国史大纲》(香港:商务印书馆,一九八九年),上册,页二六七。简体本编辑注:钱穆原文如此。西晋:二六六—三一六,国祚五十一年;东晋:三一七—四二〇,国祚一百零四年。两晋共计一百五十五年。

擅胜场，从而轮流执政，主导了东晋百多年的政局。

相对于豪门，寒门中人永远都是被鄙视以至于受打压的。以隐逸与饮酒而垂名后世的陶渊明（元亮，约三六五—四二七）①或可引其祖先陶侃（士行，二五九—三三四）在东晋的辉煌功业而自豪，而陶侃却出身孤寒，素为名门所鄙视，终生如是。陶侃的进入官场是适逢贵人范逵（生卒年不详）路过其家，陶母卖发以买米和肉，又劈房柱当柴烧，可以说是削发破家以款待客人，而陶侃又追送客人数十里，方才得到范氏为他传播名声。他当初入官场，所担当的不过是管理鱼梁的小吏；及至后来发迹，位极人臣，仍被贱称为"小人""溪狗"。②其子陶范

---

① 关于陶渊明的隐逸与饮酒的关系，可参阅陈岸峰《提壶抚寒柯，远望复何为：陶渊明的饮酒与隐逸》，《诗学的政治及其阐释》（香港：中华书局，二〇一三年），页五九一一〇五。

② 《世说新语·容止第十四》中有温峤劝庾亮前往见陶侃以求协助平叛时说："溪狗我所悉，卿但见之，必无忧也。"见刘义庆等编著，刘孝标注，余嘉锡笺疏《世说新语笺疏》，中册，页七二五。陈寅恪指出"溪"为溪族，乃高辛氏女与神犬槃瓠所生后代，故武陵、长沙、卢江、郡夷之地，均为槃瓠之后，杂处五溪之内，被视为"蛮种"。陶侃一族即出于此族而被贱视，再加上他早孤贫，因此吏部郎温雅称之为"小人"，温峤称之为"溪狗"。陈先生虽说"非别有确证，不能遽信为实"。然而，南人鄙视北人为"伧夫"，北人沿中州冠带轻诋吴人，再加上有"小人"之贱称在先，即使再称"溪狗"在后，亦不足为怪。详参陈寅恪《魏书司马睿传江东民族条释证及推论》，《金明馆丛稿初编》，页七九一八一。

(生卒年不详)想送米给琅琊王氏后人王脩龄（生卒年不详），竟为对方所不屑而拒绝（《方正第五》第五十二则）。①另一例子，刘惔（真长，生卒年不详）贵为丹阳尹，又为清谈大名士，他本人不屑受小吏所赠送的食物，又讥讽殷浩（深源，？—三五六）为"田舍儿"（《文学第四》第三十三则），②却忘了他亦原本贫寒。《晋书》记刘惔："家贫，织芒屩以为养"，"革门陋巷"。③原来，刘氏曾居于贫民区，以织草鞋维生。

简而言之，无论是世家大族还是士族，门第既代表了一切，就必须泾渭分明，这观念牢不可破，深植人心，因为牵涉的是整个家族长久的荣辱、利益以及兴衰。

（二）行为艺术

大道或如青天，但有才者却不一定可脱颖而出，关键是魏晋时代还没有科举制度，因此要吸引大名士

---

① 见刘义庆等编著，刘孝标注，余嘉锡笺疏《世说新语笺疏》，上册，页三八七。
② 见刘义庆等编著，刘孝标注，余嘉锡笺疏《世说新语笺疏》，上册，页二六二。
③ 房玄龄：《晋书》（北京：中华书局，二〇〇三年），第七册，卷七十五，页一九九〇。

的品评而鹤立鸡群、暴得大名，绝非易事。种种的艰难，逼使才俊之士戴着枷锁跳舞，力求浮出水面。故此，很多特立独行甚至似乎矫情造作之士便蜂拥而现。嵇康（叔夜，二二三—二六三）之当街锻铁，是一种自我呈现，既有让人品评之意图，更有以反常行为引起公众反思的积极意义，为什么才华横溢的嵇康不是身居显位而却当街打铁？很明显，就是以一种与当政者决裂的姿态告诉世人，自己宁干如此不称身份之粗活，亦不与司马政权同流合污。而阮籍之翻青白眼以判人的优劣，则可谓魏晋之"秒杀"。更精彩的是《雅量第六》第三则记：

> 夏侯太初尝倚柱作书。时大雨，霹雳破所倚柱，衣服焦然，神色无变，书亦如故。宾客左右，皆跌荡不得住。①

雷击破柱，烧焦衣服，宾客震荡，而夏侯玄却不为所动，甚至书写如故，如此反应，违反常情，一介文人，何以练就如此"雅量"？第九则记载中，

---

① 见刘义庆等编著，刘孝标注，余嘉锡笺疏《世说新语笺疏》，上册，页四一三。

裴遐（生卒年不详）便泄露了"雅量"的秘密：

> 裴遐在周馥所，馥设主人。遐与人围棋，馥司马行酒。遐正戏，不时为饮。司马恚，因曳遐坠地。遐还坐，举止如常，颜色不变，复戏如故。王夷甫问遐："当时何得颜色不异？"答曰："直是暗当故耳！"①

裴遐被无礼地掼倒在地之后依然从容爬起，"颜色不变"地继续下棋，实是强忍怒气，究其原因，无非是着紧士林对他的风度的评价。王衍（夷甫，二五六—三一一）与谢尚（仁祖，三〇八—三五六）被人侮辱而不动气，亦是如此。由此可见，上述夏侯玄（太初，二〇九—二五四）面临雷击及身的生命威胁而仍保持书写的姿态，确实也是极不容易，由此名垂千古，我们也不得不佩服其用心良苦了。

而若论行为艺术的表表者，则莫过于东晋丞相谢安。从隐居东山三十年，到傲然携妓出风尘，以

---

① 见刘义庆等编著，刘孝标注，余嘉锡笺疏《世说新语笺疏》，上册，页四一七—四一八。

至于"淝水之战"时闻前方大捷，虽内心狂喜，不觉屐齿折断，仍若无其事地下棋（《雅量第六》第三十五则），均足以见此君真的将人生如戏之理念，挥洒得淋漓尽致。正因为如此，早年在海上畅游而遇大风浪时，王羲之（逸少，三〇三—三六一）与孙绰（兴公，三一四—三七一）等人均大惊失色，独谢安处之泰若，啸咏如常，终化险为夷，经此事而众人一致推崇，均认为"安石"名副其实，是足以安天下之基石（《雅量第六》第二十八则）。[1]这就是表演的力量。风雨飘摇的东晋，需要的就是懂得表演的名人领袖如谢安的"矫情镇物"[2]，以安天下人心。

（三）清谈

魏晋的行为艺术是长期而持续的姿态，但也是消极而颇为费时的姿态。故此，名士均集中在上层的名流圈子中，上至宰相司马昱（后来的简文帝，约三一九—三七二）、中书令庾亮（元规，二八九—三四〇）、丹阳尹刘惔、中军将军殷浩府中，下

---

[1] 见刘义庆等编著，刘孝标注，余嘉锡笺疏《世说新语笺疏》，上册，页四三七。

[2] 房玄龄：《晋书》，第七册，卷七十九，页二〇七五。

及妇道人家如谢道韫（令姜，生卒年不详）以及谢安之妻，皆以清谈为雅事，并以此为贵。谢安与支遁（道林，三一四—三六六）及许询（玄度，生卒年不详）聚于王家，畅论《庄子·渔父》，各抒己见，而谢安"作万余语，才峰秀逸"（《文学第四》第五十五），众人叹为观止。[①] 在他们眼中，遨游于精神世界，方为人上人。清谈影响之大，在时人心目中之崇高，就连王敦（处仲，二六六—三二四）、桓温这两位枭雄也凑凑热闹，或以清谈的保护者的姿态自居而为荣（《赏誉第八》第五十一则、《排调第二十五》第二十四则）。[②] 罗宗强如此道出魏晋之热衷清谈的原因：

> 从清议的重道德到人物品评的重道德又重才性容止，反映着从经学束缚到自我意识的转化。有了这个变化，就会逐步走向重视人、重视人的自然情性，重人格独立。而有了重视人、重视人的自然情性，重人格独立，

---

① 见刘义庆等编著，刘孝标注，余嘉锡笺疏《世说新语笺疏》，上册，页二八一。

② 分别见刘义庆等编著，刘孝标注，余嘉锡笺疏《世说新语笺疏》，中册，页五三三；下册，页九四〇。

亦就逐步导向对于人的哲理思考，探寻人与自然、人与社会的关系，逐步地转向玄学命题。①

而事实上，纵观东晋的著名政治人物，几乎没有因为道德高尚而获邀出任要职的，反而携妓作东山之游的谢安却官至宰相。其时政治阶层更侧重的反倒是清谈的名士效应，如后来北伐失败的殷浩便是清谈大名士。清谈代表的是人的思想的表述以至于对经典的现场实时诠释，这正是个体主体性之突显与社会思潮对主体性之确认，亦即才华压倒一切，才华以清谈之名而彰显，此实乃曹操"唯才是举"之思想以崭新的方式的延伸。

整个东晋虽总处于风雨飘摇、危急存亡之秋，而清谈不绝，此中自有其营造祥和的社会氛围以安定人心的功能。故当王羲之列举夏禹、文王的胼手胝足、宵衣旰食以治国，对举朝上下均以清谈为尚表示忧心时，谢安即予以反驳，或便有此意（《言语第二》第七十则）。②

---

① 罗宗强：《玄学与魏晋士人心态》（天津：南开大学出版社，二〇〇三年），页五六。
② 见刘义庆等编著，刘孝标注，余嘉锡笺疏《世说新语笺疏》，上册，页一五三。

另一方面，清谈是智者才子之雅集，此为智慧交锋之沙场，更是借此以揄扬名声之要塞。一旦胜出或经大名士激赏，则名扬天下，从而踏上出仕之阶梯。《文学第四》第十八则记载：

> 阮宣子有令闻，太尉王夷甫见而问曰："老、庄与圣教同异？"对曰："将无同！"太尉善其言，辟之为掾。世谓"三语掾"。卫玠嘲之曰："一言可辟，何假于三！"宣子曰："苟是天下人望，亦可无言而辟，复何假一！"遂相与为友。①

一言而为官，如此时代，如此机遇，真是羡煞狂呼"独我不得出"的李白。故此，进入清谈的圈子并伺机击败享有盛名的高手，便是扬名立万的积极行为。刘惔、殷浩、庾亮固然是个中高手，而名僧支道林更是众人攻击或突击的目标（《文学第四》第三十则、第四十五则）。② 其时《周易》《老

---

① 见刘义庆等编著，刘孝标注，余嘉锡笺疏《世说新语笺疏》，上册，页二四五。
② 见刘义庆等编著，刘孝标注，余嘉锡笺疏《世说新语笺疏》，上册，页二五八、二七一。

子》《庄子》《才性四本论》《声无哀乐论》等论述，均为讨论中心。支道林之论《庄子·逍遥游》，如繁花灿烂，精义迭出，举世咸服，就连本来不大看得起他的大名士王羲之，被强留步聆听其妙论之后，亦为之流连不止，与其成了好友（《文学第四》第三十六则）。① 由此，魏晋清谈，天才辈出，王弼（辅嗣，二二六—二四九）、向秀（子期，约二二七—二七二）以至郭象（子玄，二五二—三一二）等等，皆为中国之哲学发展做出了重大的贡献，如陈寅恪（鹤寿，一八九〇—一九六九）先生所说的对中国中古之思想有"重大意义"②，故宗白华（伯华，一八九七—一九八六）先生说："论天人之际，当是魏、晋人'共谈析理'的最后目标。"③

清谈，是玄学之论辩，不只要求有思维上的突

---

① 见刘义庆等编著，刘孝标注，余嘉锡笺疏《世说新语笺疏》，上册，页二六四。
② 陈寅恪先生指出："《世说新语》记录魏晋清谈之书也。……在吾国中古思想史，则殊有重大意义。"陈先生又认为，由东汉末年至西晋初期之清谈与当时士大夫的政治态度实际生活有密切关系，及至东晋，清谈"则成口头虚语，纸上空文，仅为名士之装饰品而已"，并因此而有衰竭之势，佛学遂而勃兴。见陈寅恪《陶渊明之思想与清谈之关系》，《金明馆丛稿初编》，页一九四。
③ 宗白华：《论〈世说新语〉和晋人的美》，《美学散步》（上海：上海人民出版社，一九九七年），页二二七。

破,还须文辞优美,令主客破疑遣惑,心情愉悦,精神畅快。钱穆指出:

> 清谈精神之主要点,厥为纵情肆志,不受外物屈抑。①

《世说新语》记载清谈时常称"两情皆得,彼此俱畅"(《文学第四》第九则)、"四坐莫不厌心"(《文学第四》第四十则)、"足畅彼我之怀"(《文学第四》第五十三则)、"一坐同时抚掌而笑,称美良久"(《文学第四》第五十六则)。②

清谈高手王蒙(仲祖,生卒年不详)临终之际,在灯下审视着陪伴自己纵横清谈多年的麈尾,黯然神伤;其后,好友刘惔为他放了一把犀柄麈尾陪葬。不久之后,刘氏也悲恸而绝。由此可见,魏晋痴人特别多。

纵清谈情好,荣华不灭,或尔虞我诈,你唱罢来我登场,而彼此共通的创伤,就是故土邈若山河,故无论是北人之"新亭对泣"(《言语第二》第三十一

---

① 钱穆:《国史大纲》,上册,页二四二。
② 分别见刘义庆等编著,刘孝标注,余嘉锡笺疏《世说新语笺疏》,上册,页二三六、二六八—二六九、二七九、二八一—二八二。

则),还是南人之"莼鲈之思"(《识鉴第七》第十则),① 挥之不去的都是那蓦然回首的永恒乡愁。

三、任诞

政治领袖要面对波谲云诡的局势,必须具备谢安"矫情镇物"的本领。而魏晋之时代精神却是任情恣意,以求畅快潇洒,基本是颠覆礼教,背离法度,时称"任诞"。而被置于任诞第一的就是大名鼎鼎的"竹林七贤":

> 陈留阮籍、谯国嵇康、河内山涛,三人年皆相比,康年少亚之。预此契者,沛国刘伶、陈留阮咸、河内向秀、琅琊王戎。七人常集于竹林之下,肆意酣畅,故世谓"竹林七贤"。(《任诞第二十三》第一则)②

---

① 见刘义庆等编著,刘孝标注,余嘉锡笺疏《世说新语笺疏》,上册,页一〇九——一一〇;中册,页四六七。

② 刘义庆等编著,刘孝标注,余嘉锡笺疏:《世说新语笺疏》,下册,页八五三——八五四。

既是"贤"又为"诞",十分吊诡。七贤之中的山涛与王戎,早已有当官的意向,自然是循规蹈矩。至于嵇康,思想虽激进,却为人低调,喜怒不形于色。向秀是纯学者,倾心于《庄子》研究。嵇、向两人锻铁、灌园而自得其乐,并没有惊世骇俗的行为。以任诞的行为对虚伪的社会与严苛的礼法做抗争的,有刘伶(伯伦,约二二一—三〇〇)之裸醉,以天地为衣裳(《任诞第二十三》第六则),又以戒酒戏弄妻子(《任诞第二十三》第三则);阮籍醉卧当垆美妇身旁(《任诞第二十三》第八则),服丧期间饮酒吃肉(《任诞第二十三》第二则、第十一则);阮咸(仲容,生卒年不详)当街晾裤(《任诞第二十三》第十则),与猪共饮(《任诞第二十三》第十二则),服丧期间追回鲜卑婢(《任诞第二十三》第十五则),等等。[1] 倨傲至极,即为所谓的"任诞",视世间礼法为无物。而任诞者与卫道者之争,如何曾(颖考,一九一—二七八)对阮籍的漠视丧葬之礼的指责(《任诞二十三》第二则),动辄以礼教杀人,实际上是曹

---

[1] 见刘义庆等编著,刘孝标注,余嘉锡笺疏《世说新语笺疏》,下册,页八五八、八五七、八五九、八五四—八五五、八六二、八六〇—八六一、八六三、八六四。

魏之"唯才论"与司马氏政权之"以孝治天下"两方阵营的暗中较量,甚至发展至意识形态上《四本论》的斗争。[1]有意或无意的任诞者及其攻击者,均沦为残酷的政治斗争的牺牲品。

在这些被世人视为"任诞"者的眼中,他们的行为是任情恣意,是为才情而生的意气挥洒,例如,王献之(子敬,三四四—三八六)、王徽之(子猷,? —三八六)两兄弟某些行径似乎"傲慢无礼":

> 王子敬自会稽经吴,闻顾辟疆有名园。先不识主人,径往其家,值顾方集宾友酬燕。而王游历既毕,指麾好恶,傍若无人。顾勃然不堪曰:"傲主人,非礼也;以贵骄人,非道也。失此二者,不足齿人,伧耳!"便驱其左右出门。王独在舆上,回转顾望,左右移时不至,然后令送著门外,怡然不屑。(《简傲第二十四》第十七则)[2]

又如:

---

[1] 分别见刘义庆等编著,刘孝标注,余嘉锡笺疏《世说新语笺疏》,下册,八五四;上册,页二三〇。

[2] 刘义庆等编著,刘孝标注,余嘉锡笺疏《世说新语笺疏》,下册,页九一二。

王子猷尝行过吴中，见一士大夫家极有好竹。主已知子猷当往，乃洒扫施设，在听事坐相待。王肩舆径造竹下，讽啸良久。主已失望，犹冀还当通，遂直欲出门。主人大不堪，便令左右闭门不听出。王更以此赏主人，乃留坐，尽欢而去。(《简傲第二十四》第十六则)①

王氏兄弟俩的行为或被视为倨傲，而这在魏晋间并非贬义，至少自身必须得有出众之才，方能行使傲慢而不为人所讥笑。事实上，在他们心目中，唯有他们这种层次之人，方才是园林美景之真正知音，而与那些园林主人之交谈，几乎是对自身的一种亵渎。彼等并非虚伪，在官场上亦是如此姿态傲视上司。当桓冲（幼子，三二八—三八四）问到可知马匹死了多少时，王徽之竟答以"未知生，焉知死"。(《简傲第二十四》第十一则)②

王羲之的"东床坦腹"是具自信者的自然流露，而至其儿子辈如王献之与王徽之的行止已从倨傲而

---

① 刘义庆等编著，刘孝标注，余嘉锡笺疏：《世说新语笺疏》，下册，页九一二。
② 刘义庆等编著，刘孝标注，余嘉锡笺疏：《世说新语笺疏》，下册，页九〇八。

近于造作。谢安对王献之有如下批评:

> 子敬实自清立,但人为尔多矜咳,殊足损其自然。(《忿狷第三十一》第六则)[1]

可谓一针见血。或许,从人而至于书法的非"自然",这就是王献之无法超越其父王羲之的关键。

至于王澄(平子,二六九—三一二)、胡毋辅之(彦国,生卒年不详)、阮瞻(千里,生卒年不详)、谢鲲(幼舆,约二八〇—三二三)等人的裸形自乐,他们自认为得大道之本,故去巾帻,脱衣服,露裸形,学狗叫,学驴鸣,踩躏自我、蔑视社会,可谓反抗无力之余,此中亦不无对人生之虚诞、人世之苦闷而发的宣泄。

这是一个已失去了儒家思想制约的时空,正如嵇康所提出的"越名教而任自然"[2],阮籍所说的"礼岂为我辈设也"(《任诞第二十三》第七则)[3]。克

---

[1] 刘义庆等编著,刘孝标注,余嘉锡笺疏:《世说新语笺疏》,下册,页一〇四〇。

[2] 嵇康:《释私论》,见戴明扬校注:《嵇康集校注》(北京:人民文学出版社,一九六二年),卷六,页二三四。

[3] 刘义庆等编著,刘孝标注,余嘉锡笺疏:《世说新语笺疏》,下册,页八五九。

己复礼湮没于硝烟与杀戮，代之而兴的是个体的纵情享乐与情感倾泻。

四、饮酒与服食

酒对于魏晋中人而言，有忘忧、避祸、服药等等不同的目的。阮籍、刘伶等人的纵酒以寄情怀，其实自有其历史渊源，曹丕《典论·酒诲》记灵帝时代纵酒的情形：

> 孝灵之末，朝政堕废，群官百司，并湎于酒，贵戚尤甚，斗酒至千钱。中常侍张让子奉为太医令，与人饮酒辄掣引衣裳，发露形体，以为戏乐。将罢，又乱其舄履，使小大差踦，无不颠倒僵仆，蹉跌手足，因随而笑之。①

又：

---

① 曹丕:《典论·酒诲》，见严可均辑《全三国文》（北京：商务印书馆，二〇〇六年），上册，页七七。

>洛阳令郭珍，居财巨亿。每暑夏召客，侍婢数十，盛装饰，被罗縠，袒裸其中，使之进酒。①

在纵酒狂歌的背后，蕴藏的是人生虚无的悲哀，亦是对生命不可言喻的痛。据载，东汉桓帝永寿三年（一五七），全国人口五千六百五十万，而一百三十年后，晋武帝司马炎（安世，二三六—二九〇）太康元年（二八〇），全国人口仅有七百六十余万，锐减了百分之八十六。②其实，导致这一时代中国人口锐减的更重要原因并不仅是东汉末年的三国混战，还有饥荒、瘟疫以及政治杀戮。而且，人均寿命约在四十岁左右。例如，曹丕与曹植（子建，一九二—二三二）两兄弟的寿命便都只是四十岁而已。再看与曹氏兄弟同时代的"建安七子"的寿命：孔融（文举，一五三—二〇八）、陈琳（孔璋，？—二一七）、王粲（仲宣，一七七—二一七）、徐幹（伟长，一七一—二一七）、阮瑀

---

① 曹丕：《典论·酒诲》，见严可均辑《全三国文》，上册，页七七。
② 童强：《嵇康评传》（南京：南京大学出版社，二〇〇六年），页七一八。简体本编辑注："桓帝永寿三年，……口五千六百四十八万六千八百五十六……太康元年，……口一千六百一十六万三千八百六十三。"见房玄龄《晋书》，第二册，卷十四，页四一四—四一五。

（元瑜，？—二一二）、应玚（德琏，？—二一七）、刘桢（公干，？—二一七），除了孔融为曹操所杀之外，其他的也大抵都是只活到四十岁左右。其后，司马氏苦心谋夺曹魏政权过程中的大型杀戮，动辄夷族之祸，更是促使时人愿长醉酒乡的主要原因。故自东汉末年以至于魏晋，文学创作中多有"叹逝"之风。

酒是魏晋人解脱的妙方，孔群（敬林，生卒年不详）以糟肉浸酒"乃更堪久"（《任诞第二十三》第二十四则），以喻借酒避祸。王光禄云："酒正使人人自远"（《任诞第二十三》第三十五则）；王卫军（生卒年不详）云："酒正自引人著胜地"（《任诞第二十三》第四十八则）；王忱云："三日不饮酒，觉形神不复相亲"（《任诞第二十三》第五十二则）；张翰（季鹰，生卒年不详）认为身后名声："不如即时一杯酒"（《任诞第二十三》第二十则）；毕茂世（生卒年不详）云：

  一手持蟹螯，一手持酒杯，拍浮酒池中，便足了一生。（《任诞第二十三》第二十一则）

太元二十年（三九五），长星出现，意指将有帝王驾崩。孝武帝司马曜(昌明,三六二—三九六)听了自是情郁于中,夜里便到华林园喝酒解闷,在醉意朦胧中,举杯向夜空里的长星感慨道:

长星!劝尔一杯酒。自古何时有万岁天子?(《雅量第六》第四十则)①

那是个动荡不安的时代,整个社会充满了末日情绪,饮酒求醉,成了社会上普遍的消愁解闷之良方。阮籍的醉酒是为了逃避黑暗的政治,故终不及刘伶的终生对酒纯粹的一往情深,酒入骨髓,《酒德颂》是千古名篇,既是饮酒之宣言,独步古今,更是他放浪形骸、游戏人间之哲学。虽说"死便埋我"②,而"酒仙"却最终得以寿终。

当时的人又喜欢服食五石散,此中最著名的首推何晏(平叔,约一九三—二四九):

服五石散,非惟治病,亦觉神明开朗。

---

① 分别见刘义庆等编著,刘孝标注,余嘉锡笺疏《世说新语笺疏》,下册,页八七一、八八一、八九三、八九七、八六九;上册,页四四八。

② 房玄龄:《晋书》,第五册,卷四十九,页一三七六。

(《言语第二》第十四则）[1]

即是借此以求长寿或以增房中情趣，何氏纵情声色，是个中高手。而服散的遗害亦大，史载何氏形如"枯木、鬼幽"[2]。或许，这也是身处政治旋涡的何晏消磨生命与排遣恐惧的良方。

服散就得喝酒相助并行散以求药性的散发[3]，王恭（孝伯，？—三九八）在行散的时候说"所遇无故物，焉得不速老"（《文学第四》第一零一则）[4]，可见念兹在兹的乃在于长生之道，而他最终仍是死于政治杀戮。阮籍为逃避政治迫害而醉酒佯狂，而嵇康为了逃避司马昭（子上，二一一—二六五）之征辟而逃至山中跟随孙登与王烈求仙问道。鲁迅（周树人，一八八一—一九三六）于是便将嵇康与阮籍之分别视为服药与喝酒的不同而有以下推论：

> 后来阮籍竟做到"口不臧否人物"的地

---

[1] 刘义庆等编著，刘孝标注，余嘉锡笺疏：《世说新语笺疏》，上册，页八七。
[2] 余嘉锡：《寒食散考》，《余嘉锡论学杂著》（北京：中华书局，二〇〇七年），上册，页一八五。
[3] 有关五石散之论述可参同上注，页一八一—二二六。
[4] 刘义庆等编著，刘孝标注，余嘉锡笺疏：《世说新语笺疏》，上册，页三二七。

步,嵇康却全不改变。结果阮得终其天年,而嵇竟丧于司马氏之手,与孔融何晏等一样,遭了不幸的杀害。这大概是因为吃药和吃酒之分的缘故:吃药可以成仙,仙是可以骄视俗人的;饮酒不会成仙,所以敷衍了事。①

其实,嵇康早已知他与阮籍之分别在于他不能如阮籍之"不论人过","又不识人情,暗于机宜,无万石之慎,而有好尽之累"。② 然而,无论是服药还是喝酒,嵇康与阮籍终无法忘世,于是乎,前者弃首东市,后者长醉于酒乡。

"竹林七贤"之一的王戎虽位至三公,却在"八王之乱"有性命之虞时,假装服散药发,跌入屎坑,这是忍辱含垢,以存性命。饮酒服散背后,竟是苟存性命于乱世,且王戎如此不堪,实在可悲!宗白华先生指出:

> 魏晋人以狂狷来反抗这乡原的社会,反抗

---

① 鲁迅:《而已集》(北京:人民文学出版社,一九七三年),页九一。
② 嵇康:《与山巨源绝交书》,见戴明扬校注《嵇康集校注》,卷二,页一一八——一一九。

这桎梏性灵的礼教和士大夫阶层的庸俗，向自己的真性情、真血性里掘发人生的真意义、真道德。他们不惜拿自己的生命、地位、名誉来冒犯统治阶级的奸雄假借礼教以维持权位的恶势力。……这是真性情、真血性和这虚伪的礼法社会不肯妥协的悲壮剧。①

王戎与世浮沉，自是阮籍眼中的"俗物"(《排调第二十五》第四则)。而嵇、阮二人的高低，亦从服药与饮酒之别而判然立现。阮籍醉酒佯狂以独善其身，甚至最终也为司马昭写了劝进表，终得以幸存。《咏怀》诸篇，抒写的亦不外是大半生的"夜中不能寐"(其一)、"终身履薄冰，谁知我心焦"(其三十三)、"对酒不能言，凄怆怀酸辛"(其三十四)，从内而外的表演，则为"穷途而泣"。② 而嵇康却终生不改其一往情深之理念，东市临刑前，顾日影而弹琴，以一曲《广陵散》，超度了自己大半生不屈的灵魂，听者涕泣，千古同声一哭。

---

① 宗白华：《论〈世说新语〉和晋人的美》，《美学散步》，页二二三。
② 曹旭、丁功宜编：《竹林七贤》(北京：中华书局，二〇一〇年)，页四、二六、二七。

嵇康是"竹林七贤"真正而唯一的灵魂人物[①]，从理念以至于处世，颠覆传统、抗俗辟邪，死得极其悲壮潇洒，其铮铮风骨，为千载以下的中国文人传统，树立了丰碑。

竹林精神在东晋得到了王导、谢安的传承。王导最崇拜的就是嵇康，并以嵇康的著作为清谈之资；谢安视"竹林七贤"为神圣，不许子弟轻易评论。同样一个时代，因为政治的黑暗造就了竹林悲歌，而此同时代之菁英并未因此落井下石，竟是引为知音，而七贤之流风遐被，亦得以在东晋成为风尚，成为历代中国文人圣洁的精神家园。

五、情之所钟

王戎虽是阮籍眼中的"俗物"，却也曾经说过一

[①] 陈寅恪先生指出竹林七贤中"应推嵇康为第一人"，在其终生不改崇尚老庄之自然说以抗衡司马集团之名教说；阮籍虽不及嵇康之始终不屈身于司马氏，而其"所为不过'禄仕'而已，依旧保持其放荡不羁之行为"，同样佯狂放荡之阮咸与刘伶犹可宽恕，亦在于他们还是不改主张自然之初衷；而陈先生一再鞭挞的是山涛与王戎之同时获取竹林之游的清高名声而后来又兼得尊显之达官。详见陈寅恪《陶渊明之思想与清谈之关系》，《金明馆丛稿初编》，分别见页一八三、一八六、一八七、一八八、一九三。

句超凡脱俗的名言，他说：

> 圣上忘情，最下不及情；情之所钟，正在我辈！（《伤逝第十七》第四则）[1]

此话竟然能获得山涛那狂傲的儿子山简（季伦，二五三—三一二）的认同，并因此而与王戎为早逝的儿子同声一哭。可见王戎虽"俗"，但就凭其对"情"之洞见，真不愧自小被视为神童。这种周旋于雅俗之间，由竹林而台阁，实在就是从小训练有素的琅琊王氏家族的与世浮沉之处世哲学。

这句名言说的是，人可分三层：第一层是圣人，看透人生百态，喜怒哀乐，风吹不动，第一层的境界非第二及第三层的人可企及；第三层最为低下，不知情为何物，不可言说，无法沟通；而最为人间性的就是第二层，大悲大喜，自然流露，是为真人。此话传递了竹林七贤的共通人生哲学，故此，阮籍以青白眼待人，嵇康视钟会（士季，二二五—二六四）如不见，阮咸服丧期间骑马追回鲜卑婢是

---

[1] 刘义庆等编著，刘孝标注，余嘉锡笺疏：《世说新语笺疏》，中册，页七五一。

为了"人种不可失"(《任诞第二十三》第十五则)[1],其实都是"情之所钟"的境界的体现。

王戎的情的三重境界说,亦是汉末至魏晋南北朝这一抒情时代的思想的反映。这时期的诗歌弥漫着一股叹逝之风,如《古诗十九首》:

> 浩浩阴阳移,年命如朝露。
> 人生忽如寄,寿无金石固。[2]
> 生年不满百,常怀千岁忧。
> 昼短苦夜长,何不秉烛游!
> 为乐当及时,何能待来兹?[3]
> 出郭门直视,但见丘与坟。
> 古墓犁为田,松柏摧为薪。
> 白杨多悲风,萧萧愁杀人。[4]

曹操的诗歌更是慷慨悲歌,其《短歌行》曰:"对酒当歌,人生几何?譬如朝露,去日苦多。"[5]其

---

[1] 刘义庆等编著,刘孝标注,余嘉锡笺疏:《世说新语笺疏》,下册,页八六四。
[2] 余冠英选注:《汉魏六朝诗选》(香港:三联书店,一九九三年),页七九。
[3] 余冠英选注:《汉魏六朝诗选》,页八一。
[4] 余冠英选注:《汉魏六朝诗选》,页八〇。
[5] 余冠英选注:《汉魏六朝诗选》,页一一三。

《龟虽寿》曰:"神龟虽寿,犹有竟时。腾蛇乘雾,终为土灰。"① 同样,曹氏兄弟亦复如此,曹丕《善哉行》曰:"忧来无方,人莫之知。人生如寄,多忧何为?今我不乐,岁月如驰。"② 曹植《箜篌引》:"盛时不再来,百年忽我遒。生存华屋处,零落归山丘";③《杂诗》:"形影忽不见,翩翩伤我心。"④ 至于建安七子,因为随征亦复多感慨,陈琳《饮马长城窟》曰:"君不见长城下,死人骸骨相撑拄。"⑤ 王粲《七哀诗》曰:"出门无所见,白骨蔽平原。"⑥ 竹林七贤之一的阮籍《咏怀其十》亦曰:"人生若尘露,天道邈悠悠。"⑦ 西晋初年的陆机(士衡,二六一——三〇三)更写了《叹逝赋并序》:

> 昔每闻长老追计平生同时亲故,或凋落已尽,或仅有存者。余年方四十,而懿亲戚属,亡多存寡;昵交密友,亦不半在。或所曾共游

---

① 余冠英选注:《汉魏六朝诗选》,页一一七。
② 余冠英选注:《汉魏六朝诗选》,页一一九。
③ 余冠英选注:《汉魏六朝诗选》,页一三四。
④ 余冠英选注:《汉魏六朝诗选》,页一四三。
⑤ 余冠英选注:《汉魏六朝诗选》,页一二三。
⑥ 余冠英选注:《汉魏六朝诗选》,页一二四。
⑦ 余冠英选注:《汉魏六朝诗选》,页一六六。

一途，同宴一室，十年之外，索然已尽，以是哀思，哀可知矣。①

有见生命之短促，人生之无常，除了饮酒、服食，文学之书写亦被视作不朽之大业。《三国志·魏文帝本纪》裴松之注引王沈《魏书》云：

> 帝初在东宫，疫疠大起，时人凋伤，帝深感叹，与素所敬者大理王朗书曰："生有七尺之形，死唯一棺之土，唯立德扬名，可以不朽，其次莫如著篇籍。疫疠数起，士人凋落，余独何人，能全其寿？"故论撰所著《典论》、诗赋，盖百余篇，集诸儒于肃城门内，讲论大义，侃侃无倦。②

曹丕于建安二十二年（二一七）被立为太子，建安七子中的王粲、徐幹、陈琳、应玚以及刘桢，"一时俱逝"。③曹丕在《典论·论文》中提出：

---

① 陆机：《叹逝赋并序》，见严可均辑《全晋文》，中册，页一〇二一。
② 陈寿撰，裴松之注：《三国志》，第一册，卷二，页八八。
③ 曹丕：《又与吴质书》，见严可均辑《全三国文》，上册，页六六。

> 盖文章经国之大业,不朽之盛事。年寿有时而尽,荣乐止乎其身,二者必至之常期,未若文章之无穷。……古人贱尺璧而重寸阴,惧乎时之过已。……日月逝于上,体貌衰于下,忽然与万物迁化,斯志士之大痛也!①

曹丕在历史上第一个以帝皇之姿而肯定了文章的价值,并上升至"经国之大业"的位置,崇高无以复加,而究其原因,就在于借文章而不朽。

六、一往情深

东晋皇权旁落,帝王已全然失去司马昭兄弟的暴戾滥杀以收威慑之霸权,反而与文人雅士周旋,故而文风炽盛,朝野皆以风流儒雅相尚。宗白华指出:

> 晋人艺术境界造诣的高,不仅是基于他们的意趣超越,深入玄境,尊重个性,生机活泼,更主要的还是他们的"一往情深"!无论对于

---

① 曹丕:《典论·论文》,见严可均辑《全三国文》,上册,页八三。

自然，对探求哲理，对于友谊，都有可述。①

东晋文人之间，绝少猜忌，更多的是惺惺相惜：

> 庾文康亡，何扬州临葬云："埋玉树著土中，使人情何能已已！"（《伤逝第十七》第九则）②

如此例子，多不胜数。宗白华称《伤逝》"犹具悼惜美之幻灭的意思"③，是为的论。这是有情者对生命之美的珍惜及由此而产生的痛楚，由于欣赏而超越了血统之关系，此种博大的胸襟与审美精神之现象，古往今来，唯独魏晋。

支道林放鹤，让其自由（《言语第二》第七十六则），养马而不乘，止于赏其神骏（《言语第二》第六十三则）；卫玠（叔宝，二八六—三一二）见江水茫茫，百感顿生（《言语第二》第三十二则）；桓温折柔条而涕泣（《言语第二》第五十五则）；王廞

---

① 宗白华：《论〈世说新语〉和晋人的美》，《美学散步》，页二一三。

② 刘义庆等编著，刘孝标注，余嘉锡笺疏：《世说新语笺疏》，中册，页七五四。

③ 宗白华：《论〈世说新语〉和晋人的美》，《美学散步》，页二一四。

（生卒年不详）登茅山，大恸哭曰："琅琊王伯舆，终当为情死"（《任诞第二十三》第五十四则）；桓子野每闻清歌，辄唤奈何，谢公闻之，曰："子野可谓一往有深情"（《任诞第二十三》第四十二则）。由此可见，这是深于情者，对宇宙人生体会到至深的无名哀感，深入肺腑，呼天抢地，惊心动魄，以诉说其痛其快，完全体现了王戎所说的"情之所钟正在我辈"（《伤逝第十七》第四则）。[①] 最为动人的，莫过于《任诞第二十三》第四十九则：

> 王子猷出都，尚在渚下。旧闻桓子野善吹笛，而不相识。遇桓于岸上过，王在船中，客有识之者，云是桓子野。王便令人与相闻云："闻君善吹笛，试为我一奏。"桓时已贵显，素闻王名，即便回下车，踞胡床，为作三调。弄毕，便上车去。客主不交一言。[②]

桓伊既是虎将，却又是多才而情深，堪称人间

[①] 分别见刘义庆等编著，刘孝标注，余嘉锡笺疏《世说新语笺疏》，上册，页一六一、一四五、一一一、一三五；下册，页八九八、八九〇；中册，页七五一。

[②] 刘义庆等编著，刘孝标注，余嘉锡笺疏：《世说新语笺疏》，下册，页八九四。

佳士，他甘于下车为倨傲的王徽之吹奏，也就是为了王氏性情之超凡脱俗，故而惺惺相惜，不以为逆，精神之契合，泯灭了世间一切的隔阂与礼节，千载之下仍是笛声悠扬。

七、余论

《世说新语》原书名应为《世说》，"世"指世间，"说"则为"论说""说法"或无关宏旨之"小说"。① 后又改为《世说新书》，以别刘向（子政，约前七七 — 前六）之《世说》。② 至于何人改为《世说新语》，就连《四库全书总目提要》子部小说家类《世说新语》中亦称未可知。敬胤（生卒年不详）应是现存文献中首位注释者，较刘峻（孝标，四六二 — 五二一）更为接近《世说新语》的面世年代。③

若按起、承、转、合来分析《世说新语》，描述

---

① 范子烨：《〈世说新语〉研究》（哈尔滨：黑龙江教育出版社，一九九八年），页二〇八—二〇九。

② 范子烨认为，《世说》加上"新书"二字应是刘孝标所为。详见范子烨《〈世说新语〉研究》，页八注一。

③ 王能宪：《世说新语研究》（南京：江苏古籍出版社，一九九二年），页八二。

东汉末年之清流是为"起",过江之后,东晋建立及其间之人事是为"承",谢安主政时代是为"转",及至桓玄(敬道,三六九—四〇四)、司马道子(三六四—四〇二)及王国宝(生卒年不详)之流的出现,已是故事落幕之际,是为"合"。

《世说新语》有如魏晋间之《清明上河图》,写人如生,记事生动,在如沐春风的清谈中呈现主客神韵,在千丝万缕的关系中交织出惊心动魄的政治旋涡;要言不烦,一卷在握,让魏晋风流,千载之下,成为永恒。简而言之,此书千头万绪,又有如众声喧哗,百家争鸣,而其神韵一以贯之,则乃魏晋之悲凉慷慨,如一曲幽笛,在茫茫黑夜,如泣如诉,令人感慨万端。

二十世纪以来,相关的研究中,中国大陆方面,首推民国时代余嘉锡先生的《世说新语笺疏》,考证绵密,扣紧时代,别有怀抱。港、台方面,应以香港中文大学杨勇教授的《世说新语校笺》多有创获,是为纯粹的学术研究。两书的比较,前者可谓偏于抒情,后者倾向征证。前者因为是以文言文书写而颇为艰涩,后者则又援引博杂,难免令现今的年轻读者望而生畏。故此,"新视野中华经典文库"《世说新语》在参考前贤的基础之上,先有导读,让读者对此书有整体的认识，又在每一章之前有评论，再细致至每则故事均有注释以至于佳句之点评，希望更能贴近当下的时代脉搏。

希望此书能给予当今读者以下几方面的裨益：

（一）领略言语的妙用，应变的敏捷：阮修因一言而得一官，郗超一念之间而化解一场灭族之祸，这也是当今职场求生之术。

（二）了解世局幻变，历史变迁：因为有了魏晋思想的解放与汉胡民族的大融合，才有后来的盛唐。因此，近代中国之黑暗、混乱，或可能是另一盛世的序幕？

（三）观照人生，了悟生死：所谓魏晋悲歌，实在是因为他们对人生有了真切的感悟，方才感慨万端。人生可以如梦如幻，人生亦可以真真切切，各有信仰，各有立场，魏晋中人彼此尊重，并行不悖。这是独立之精神，自由之思想。

散文笔记类

《梦溪笔谈》导读

知识爆发时期的理性产物

冯锦荣

香港大学中文学院副教授、
香港大学香港人文社会研究所院士兼代理所长

一、沈括的生平

十一世纪的北宋知识界，上至帝王，下至士大夫官僚，都呈现出致力于"大宇宙"探索的思想倾向。在这宏大的思想氛围下，他们尝试对社会与自然界的事物进行全面的分类与综合，企图以"理""气""数"等观念阐发天地、万物背后的"体"及其相互关系之中的"用"。沈括出生后的前两年，即景祐元年（一〇三四），宋仁宗（赵祯，一〇二二—一〇六三在位）系统地把其植基于《尚书·洪范》"建用皇极"的帝王学理念推衍到天文、律历、五行等领域及相关文献编纂的事业上去。① 他在康定元年（一〇四〇）更亲撰《洪范政鉴》十二卷向群臣展示。

沈括（一〇三二—一〇九六），字存中，北宋钱塘人，是我国著名的科学家。他出身自官宦家庭，父亲沈周曾任侍御史，又经历多次外迁，沈括都随行。虽然都不是显要职位，但这些经历却丰富了沈括的阅历。沈周死后，沈括以父荫获授沭阳县主簿

---

① 冯锦荣：《北宋仁宗景祐朝星历、五行书》，载张其凡主编《宋代历史文化研究》（北京：人民出版社，二〇〇〇年），页四一〇—四三三。

的小官，可是他并不满足于此，特意要循科举之途进入官场，在嘉祐八年（一〇六三）三十一岁时，登进士第，正式由士人的途径晋身官场。其后获推荐入京任昭文馆编校，后迁馆阁校勘。其间，又参与详定浑仪的工作。昭文馆的官虽然不大，但因缘际会，他得以阅读到北宋初年聚集在京师的大量典籍，而详定浑仪的工作，又使他接触到天文、历算以至观测仪器的设计和制作等范畴的专门知识。沈括自己对各种学问也有浓厚兴趣，加上他无论做事治学，都一丝不苟，因此这段时间，他的学问进步很快。

四十岁服母丧期满后，沈括再度回京，任大理寺丞、馆阁校勘，又充检正中书刑房公事。这段经历，又使他对北宋的司法制度有所认识。其后，他奉命提举疏浚汴渠，由于工程需要，他努力研究测量方法，提出了分层筑堰法来测量汴渠的高度。这段时间，他又兼任提举司天监，负责改制浑天仪和编修新历的工作。他大胆推荐布衣卫朴入监参与修历工作。为了更好地完成工作，沈括除了阅读大量天文书籍外，还重视实测。他花了三个月的时间，每天观测极星位置的变化，绘图二百多帧。

熙宁六年（一〇七三），因王安石之荐，沈括负责两浙水利。次年，安石罢相，但沈括的仕途并没有因此而受阻。同年，擢为知制诰，又为河北路察访使，兼判军器监。熙宁八年（一〇七五），沈括受命出使辽国，跟辽人谈判宋辽边境问题，取得成果。使辽期间，又对沿途所见所闻，详细记述，著成《熙宁使虏图抄》。同年，他又诏为权发遣三司使，参与国家财政工作，对北宋的财政和税收制度，提出了不少建议。

熙宁十年（一〇七七），沈括因事被劾，出知宣州。元丰三年（一〇八〇），改知延州，兼鄜延路经略安抚使，奉密旨练兵，以备对西夏用兵。翌年，宋廷发兵攻西夏。元丰五年（一〇八二），因徐禧轻敌大败，沈括受牵连，以"坐始议城永乐，既又措置应敌俱乖方"[①]，被贬为均州团练副使。自此，沈括仕途便告结束。往后数年，他辗转回到润州，居于梦溪园。元祐七年（一〇九二）前后，他写成了《梦溪笔谈》，过了几年，绍圣三年（一〇九六）六十五岁卒。

沈括在朝廷当过不同的官，都有所建树。而且，对于各个官位的沿革和所需知识，他也是认真学习，

---

① 〔宋〕李焘：《续资治通鉴长编》（北京：中华书局，二〇〇四年），卷三百三十"元丰五年冬十月"条。

遇到不明白处，又不厌其烦地问个究竟，因此造就了他学问知识的广博。《宋史》说他"博学善文，于天文、方志、律历、音乐、医药、卜算，无所不通，皆有所论著"，正正反映了他治学严谨认真的特点。而晚年写成的《梦溪笔谈》，正是他广博学问的全记录。

可惜的是，沈括的著作大多散佚不存，犹幸的是他晚年居于梦溪园，把平日所见所闻和思考的事情，逐条记录，成《梦溪笔谈》一书。当中涉猎的范围十分广泛。自然科学方面，包罗了天文、历法、数学、物理、地理、地质、生物、化学、建筑、工程、医药等科学内容；人文科学方面，记录了古今文学艺术、史学考证、语言文字、音乐绘画等的资料；政治兴革上，他对制度沿革、外族兴衰、名臣言行等，也多有记载和评议。

像《梦溪笔谈》（以下简称《笔谈》）这类笔记作品，唐、宋时期有很多，例如沈括在《笔谈》中多次提到唐人段成式撰的《酉阳杂俎》便是相类的作品。可是段氏之书，被《四库全书总目提要》评为"多诡怪不经之谈，荒渺无稽之物"，而评《笔谈》则说"括在北宋，学问最为博洽。于当代掌故及天文、算法、钟律尤所究心"。"汤修年跋称其目见耳闻，皆有补于世，非他杂志之比。勘验斯编，知非溢美矣。"是书与别不同之处，不仅在于其集人文与科学知识之大，而且所记所录，都是沈括自己耳闻目睹之事或读书心得，虽然有些内容近似迷信，但都是当时宗教信仰的反映，对于荒诞不经之事，他是鲜少记录下来的。至于各种现象，沈括也尽力解说。如果不明个中原因，就清楚说明。这比其他虚实不分的笔记作品，无疑是更具理性批判和可读性的。

由于沈括对所记事物抱着认真谨慎的态度，因此《笔谈》所记载的典章制度、人事官政等政治资料，以至唐代至北宋初期关于音乐、诗歌、绘画等人文艺术的趣闻逸事，大大丰富了我们对当时政治、艺术和文化的认识。此外，《笔谈》还记录了大量关于数学、天文、历法、工程、建筑、医药等科学范畴的材料。当中不少题目，更是沈括自己的科学见解和新理论、新方法。这正是《笔谈》与一般的笔记作品不同之处。我国古代的文人笔记著作，大都以记录事件为主，作者往往将一些趣闻逸事或考证补遗的意见，条列而出。当中人文艺术的内容很多，但记录科学知识的却相对鲜少。这种现象，主要是因为作者多为文人，对科学知识了解不深，难以实录，自然有所取舍，把焦点放在熟悉的文人雅趣或者考证补阙之上。即使是称为博物学的作品，也多是将道听途说，或古书所载之事，笔录一番而已。

《梦溪笔谈》内容赡博，尤其沈氏对科学问题的各种洞见，更为人所称颂。著名科学史专家李约瑟（Joseph Needham，一九〇〇——一九九五）视此书为中国科学史上具有里程碑意义的著作，而沈括更是"中国整部科学史最卓越的人物"。

二、知识爆发时代下的学问世界

《梦溪笔谈》反映了沈括广博的学识，这点毋庸置疑。我们要问的是，为什么这个时期会造就沈括这样的博学型学者？沈括本身对学问的兴趣，当然起了主要作用。沈括置身的时代，中国的知识传播形态发生了重大变化。苏轼在《李氏山房藏书记》中便谈道：

> 余犹及见老儒先生，自言其少时，欲求《史记》《汉书》而不可得，幸而得之，皆手自书，日夜诵读，惟恐不及。近岁市人转相摹

刻，诸子百家之书，日传万纸。

北宋时期，随着印刷技术的长足发展，书籍刊布流通愈益容易，也促使了知识的普及。从前难得一读的古籍，在印刷本出现后，变成轻易可得。虽然实际上不是所有书籍都会像《史记》《汉书》般日传万纸，但这类本来难得一读的作品，北宋时期的士人，已经容易获致，也使私人大量藏书变得容易。更重要的是，印刷本大量出现后，本来借着抄本而做小范围流传的书籍传播方式，被印刷本的大幅度传播取代，数量增加之余，制作书籍的速度更为惊人。沈括生活的时代，正是印刷本开始蓬勃产生的时期，这正为他提供了大量的学习材料。

沈括阅读典籍之丰，涉猎范围之广，也跟他年轻时已进入宋代皇家藏书机关——昭文馆——工作有莫大关系。他于神宗熙宁元年（一〇六八）因张蒭的推荐，获召赴京编校昭文馆书籍。昭文馆是北宋皇家藏书阁之一，隶属秘书省。太平兴国年间，与史馆、集贤院改名为"崇文院"。其中昭文书库在东院廊，集贤书库在南廊，史馆书库在西廊，其后又在中堂建秘阁，因此称为"三馆秘阁"。当中收藏的图书，不仅数量丰富，而且还有不少是民间难得一见的"天文、占候、谶纬、方术书五千十二卷"[①]。此外,秘阁还接收了不少由内库拨送的书画,这也是一般民间士子所难以一睹的珍贵墨宝。[②] 其间虽然因丁母忧回乡守制三年,但回到京师后,沈括一直都有参与馆阁图书的整理工作。他先后担任过史馆检讨、集贤校理等职。虽然官职上属于馆阁小官,但对于热爱学问的沈括而言,能够在北宋的典章政书储存机关工作,并且阅读到大量难得一见的秘籍,对他本身学问的进步,有莫大裨益。

三馆秘阁,可说是北宋的皇家图书馆和画廊。立国初期,宋太祖已颁布诏书,在全国范围内搜集典籍图谱字画等重要文化财产,聚集到汴京。最初这些文物保存于史馆,后因物品众多,地方不敷应用,于是别建新馆舍来收藏,这就是新建的崇文院中堂,也称为秘阁。

---

① 〔宋〕程俱:《麟台故事校证》(北京:中华书局,二〇〇〇年),卷一,《沿革》,页一九。简体本编辑注:"太宗即位……诏有司,度左升龙门东北车府地为三馆……三年春,新馆成,赐名崇文院。悉迁西馆书分布西廊,为诏文书库,南廊为集贤书库。西廊为经史子集,南廊为史馆书库。"见〔宋〕江少虞《宋朝事实类苑》(上海:上海古籍出版社,一九八一年),卷二,页一五。

② 关于北宋馆阁的资料,可参考姚瀛艇主编《宋代文化史》(台北:云龙出版社,一九九五年),第二章"馆阁制度与图书编纂",页三三—七九。

当时秘阁收藏了王羲之王献之父子、庾亮、唐太宗、唐玄宗、颜真卿、欧阳询、柳公权、怀素等人的书法作品，也搜罗了顾恺之、韩幹、薛稷、戴嵩等人的作品。而太祖又喜欢向大臣展示这些作品。至于大臣欲一睹作品风采，太祖也不吝答应。例如学士李昉、宋琪、徐铉欲观看秘阁藏书，太宗将图籍、古画悉数令其观览。这种将藏品公开给大臣观览的做法，固然有其管治策略上的需要，例如淳化三年（九九二）：

> （太宗）幸新修秘阁。帝登阁，观群书整齐，喜形于色，谓侍臣曰："丧乱以来，经籍散失，周孔之教，将坠于地。朕即位之后，多方收拾，抄写购募，今方及数万卷，千古治乱之道，并在其中矣。"即召侍臣赐坐命酒，仍召三馆学士预焉。日晚还宫，顾昭宣使王继恩曰："亦可召傅潜、戴兴，令至阁下，恣观书籍，给御酒，诸将饮宴。"潜等皆典禁兵，帝欲其知文儒之盛故也。①

---

① 〔宋〕江少虞：《宋朝事实类苑》，卷二，页二三。

谈到学问材料，也不能不谈到北宋初期政府推动的类书结集。我国著名的几部大型类书——《太平广记》《太平御览》《文苑英华》《册府元龟》——都是北宋初期出现的。宋敏求《春明退朝录》说：

> 太宗诏诸儒编故事一千卷，曰《太平总类》(《太平御览》)。文章一千卷，曰《文苑英华》。小说五百卷，曰《太平广记》。医方一千卷，曰《神医普救》。[1]

沈括生活的年代，药物学也有了长足发展，尤其是方剂学方面，北宋初期，朝廷除了编订类书之外，也大规模搜集民间药方。太平兴国三年（九七八），王怀隐主编的《太平圣惠方》完成了编纂工作。该书凡一百卷，对一千七百多种病症，收录了一万六千多条处方。该书于淳化三年和元祐三年（一〇八八）先后刊布了两次。太宗雍熙年间，又命贾黄中等编集《神医普救方》一千卷。此书与其余各大类书一样，由史局的翰林官员负责，虽然

---

[1] 〔宋〕宋敏求：《春明退朝录》(北京：中华书局，一九八〇年)，卷下，页四六。

编成后不像《太平圣惠方》一样刊布天下，但与之有关的资料，仍留存于史局中。沈括对药理、方剂以至本草的认识之深，对各种草药的区别有深刻认识，相信跟他到京后有一段时间在史局工作，能翻阅到这些材料，不无关系。

方剂学之外，本草学在北宋时期也有所发展。例如开宝六年（九七三）由刘翰、马志等编修的《开宝本草》二卷，比唐代《新修本草》多收录了一百三十余种药物。仁宗嘉祐六年（一〇六一）掌禹锡等又修成《嘉祐补注本草》，又增加了一百种药物。除了药物数目不断增加外，北宋的本草书，又加添了草药的图录。例如与沈括同时代的苏颂，其《图经本草》便开始为草药绘图。而《图经》中对植物各部位的细致描述，以至对很多动植物的生长形态的观察，都可见到北宋人对植物和动物学知识已经认识很深。《图经》中也有化石的记录。这类记载，正正反映了北宋时期知识界对各种事物的多元化研究和记录。这不仅是沈括个人才有的突出表现。不过，沈括比他们优胜之处，在于其他人的记述往往集中在一、二课题上，但沈括的《梦溪笔谈》则可谓多元知识的作品。

三、《梦溪笔谈》与沈括的治学特色

《笔谈》之所以获得如此称许,可归因于沈括科学家本质的治学特色。他不但记录了自然现象,而且对这些现象进行各种各样的观察、实地测验、实验活动,从而总结和诠释。从《笔谈》中,我们可以欣赏到沈括严谨的治学态度。这可以归纳为以下几点:

(一)不蹈袭古人成说

能够做到如此全面的科学解释,在于沈括具有深厚的科学知识根底,能够了解天文、历算、乐律等的深邃理论,并且屡有发明。因此《笔谈》不但记叙前人于科学知识上的真知灼见,又能指出当中缺失处,并且提出新颖的见解。他绝不以蹈袭前人旧说为满足,经常亲自验证,提出理论,以解决前人的错误。例如卷七有一条谈刻漏的问题:

> 古今言刻漏者数十家,悉皆疏缪。历家言晷漏者,自《颛帝历》至今见于世谓之"大历"者,凡二十五家,其步漏之术,皆未合天度。余占天候景,以至验于仪象,考数下漏,凡十

余年,方粗见真数,成书四卷,谓之《熙宁晷漏》,皆非袭蹈前人之迹。(卷七,一二八条)①

他治学上又不盲从,对于古人成说,也经常指出当中不合情理的地方。例如卷三有一条关于舜帝二妃的叙述:

> 旧传黄陵二女,尧子舜妃。以二帝化道之盛,始于闺房,则二女当具任、姒之德。考其年岁,帝舜陟方之时,二妃之齿已百岁矣。后人诗骚所赋,皆以女子待之,语多渎慢,皆礼义之罪人也。(卷三,四十七条)

他是从数学常识出发,计算出二妃在舜帝陟方时,已近百岁,而不会是诗人墨客笔下的少女。

《梦溪笔谈》的价值,不少人都重视其科学知识,指出沈括无论在数学、物理、天文、历算等学问上,都达到当时世界的领先水平。这固然是《笔谈》带给后人的重要科学材料,但读者阅读这部作品时,更需注意和学习的,是沈括怎样把自己推到

---

① 本文所引《梦溪笔谈》皆本《元刊梦溪笔谈》(北京:文物出版社,一九七五年)。

领先的水平。或许,从书中的一些条目,我们可以认识到沈括的治学态度怎样令他在芸芸北宋学者中脱颖而出,成为人文与科学知识皆有成就的博学家。

(二)理性审视问题

沈括秉持理性态度,审视各种事物。例如《神奇》中有以下一条谈到"前知"的问题:

> 人有前知者,数千百年事皆能言之,梦寐亦或有之,以此知万事无不前定。余以谓不然。事非前定,方其知时,即是今日。中间年岁,亦与此同时,元非先后。此理宛然,熟观之可谕。或曰:"苟能前知,事有不利者,可迁避之。"亦不然也。苟可迁避,则前知之时,已见所避之事,若不见所避之事,即非前知。(卷二十,三五〇条)

这是从逻辑上说明没有所谓前知。沈括的论点很简单,如果说事有前定,必然要待事情应验后才能说,但既然应验了,那么便是当下才知道的事。对于那些认为可以前知而规避的说法,他更直截了当地否定了,因为从逻辑上说,可以规避,就说明也会前知已避之事，那事情根本就不会出现；如果见不到所避之事，那就不是前知了。

（三）重视实证观测和研究

沈括对各种事物抱着浓厚兴趣，而且不是停留在书本的记载里，而是喜欢亲自观察和研究事物。例如他出使辽国时，看到一种奇特的兔子：

> 余使虏日，捕得数兔持归，盖《尔雅》所谓"鬣兔"也，亦曰"蛩蛩巨驉"也。（卷二十四，四二六条）

这正是科学家应有的重视实证的精神。《笔谈》中，有很多是他亲自观察和做实验来证明事物真伪的记录。例如卷三有一条记录了他参观冶炼作坊：

> 世间锻铁所谓钢铁者，用柔铁屈盘之，乃以生铁陷其间，泥封炼之，锻令相入，谓之"团钢"，亦谓之"灌钢"。此乃伪钢耳，暂假生铁以为坚，二三炼则生铁自熟，仍是柔铁。然而天下莫以为非者，盖未识真钢耳。余出使至磁州锻坊，观炼铁，方识真钢。凡铁之有钢

者，如面中有筋，濯尽柔面，则面筋乃见。炼钢亦然，但取精铁，锻之百余火，每锻称之，一锻一轻，不（至）累锻而斤两不减，则纯钢也，虽百炼不耗矣。此乃铁之精纯者，其色清明，磨莹之则黯黯然青且黑，与常铁迥异。亦有炼之至尽而全无钢者，皆系地之所产。（卷三，五十六条）

从实地观察认识真钢与伪钢的分别。这种对事物认真观察的态度，也见于他对虹能饮水这个传说的追寻。卷二十一《异事》有以下一条记载他观测彩虹：

世传虹能入溪涧饮水，信然。熙宁中，余使契丹，至其极北黑水境永安山下卓帐。是时新雨霁，见虹下帐前涧中。余与同职扣涧观之，虹两头皆垂涧中。使人过涧，隔虹对立，相去数丈，中间如隔绡縠。自西望东则见；（盖夕虹也。）立涧之东西望，则为日所铄，都无所睹。久之稍稍正东，逾山而去。次日行一程，又复见之。（孙彦先云："虹，雨中日影也，日照雨则有之。"）（卷二十一，三五七条）

《笔谈》中也有沈括进行天文、历象观测的资料，其中有一条（一二七条）谈到他观察极星，绘制了二百多幅观测用的星图，最终得到极星离天极三度有余的结论。

（四）观察敏锐和联想能力惊人

在古代中国，文人游历是很平常的事，沈括也不例外。沈括跟一般文人不同的是，他并不把自己的眼光局限于对山水景致的欣赏上，而是始终保持着对事物敏锐的观察力，而且展示出十分惊人的联想力，能够把看似没有关系的自然景物联系到地理变化，从地质学的角度解释一般人不以为意或无法理解的自然现象。例如熙宁六年（一〇七三）至七年，他在两浙之间游历，又到过温州的雁荡山，他看到的却不仅仅是美丽的风景。在这次游历中，沈括敏锐地观察到雁荡山的地貌，"原其理，当是为谷中大水冲激，沙土尽去，唯巨石岿然挺立耳。如大小龙湫、水帘、初月谷之类，皆是水凿之穴"（卷二十四，四三三条）。准确地以冲积理论解释了这种地貌形成之原因。

奉使河北时，沈括经过太行山一带，看到"山崖之间，往往衔螺蚌壳及石子如鸟卵者，横亘石壁如带"，因而联想到"此乃昔之海滨，今东距海已

近千里",并且以河流沉积解释了海洋变成陆地的原因:"所谓大陆者,皆浊泥所湮耳。"(卷二十四,四三〇条)

(五)重视亲自实验

沈括不仅能看到一般士人不注意之处,而且对于自己的想法,往往亲自验证。例如《杂志》中有一条谈到"石油"时说:

> 余疑其烟可用,试扫其煤以为墨,黑光如漆,松墨不及也,遂大为之,其识文为"延川石液"者是也。此物后必大行于世,自余始为之。(卷二十四,四二一条)

又例如《补笔谈·乐律》中有一条谈到"应声"问题,属于声学上声音共振的课题。沈括就做了纸人试音的实验来证明其原理:

> 欲知其应者,先调诸弦令声和,乃剪纸人加弦上,鼓其应弦,则纸人跃,他弦即不动。声律高下苟同,虽在他琴鼓之,应弦亦震,此之谓正声。(五三七条)

《器用》中也有一条关于出土的古代弩机的记载，沈括不但能用算术上的勾股理论解释其设计，而且为了验证这个计算方法套用在弩机上是否切实可行，他自己做了实验："余尝设三经、三纬，以镞注之，发矢亦十得七八。"并因此推论说："设度于机，定加密矣。"（卷十九，三三一条）

四、《梦溪笔谈》的历史文献价值

（一）说明北宋时期政制变化

《官政》记载了很多有关北宋财政的资料，例如当时各种税法如茶税、盐税的变革情况，汴京吏员俸禄建立的因由，历朝铸钱数目的变化，等等。税制变革可说是北宋时期重要的政治课题，尤其是沈括身处的时代，王安石推动的熙宁变法中，很多项目都是环绕着税制改革而进行的。而沈括在这个时期，受到王安石变法集团的青睐，也登上了他仕途的最高峰，出任了权发谴三司使的要职。三司使掌管全国财政，视为计相，是丞相以下的重要官员。他对北宋各种财政制度了如指掌，而且思量孰优孰劣，这在他对茶税、盐税等的叙述中可以看到。

（二）官员的惠民德政

《官政》中也记录了北宋一些官员的惠民举措。当中既有大名鼎鼎的范仲淹，也有不甚著名的地方县令。对沈括而言，无论官职大小，只要能做出对百姓有益的事，就是好官员。其中范仲淹的一则，记述了他处理江南地区灾荒的手段，与一般人的思路不同，更凸显出范氏的政治智慧。按一般官员的想法，灾荒之时，由政府赈济是最直截了当的做法；可范仲淹却另辟蹊径，采用宴游和大兴土木的方法，广兴徭役，使灾区百姓能够从事劳动以获取金钱，不致出现大量游手好闲的饥民，令社会不稳。他是拳拳服膺范氏处置灾荒的策略的。

（三）法制精神的展现

《官政》中有几则关于北宋法律的材料，让我们看到当时的官员对法律的理解和运用情况。其中有一条记载的是皇帝的近侍犯案，虽未至于死罪，但朝廷大臣大都认为非杀不可，只有范仲淹一人持不同意见，认为不能为求一时快意，就绕过法律规范，任意加重刑罚。由此可见，虽然律例俱在，但当时的官员大都没有强烈的维护法律意识。朝廷大员没有法律意识，地方官员也对律令条文理解不足，以致出现错判的冤案。《官政》中记载了刑曹对两起地方案件判决的批驳，正反映出一般官员未必能够完全了解法律条文的含意。

五、《笔谈》的文化价值

（一）保留重要的社会史资料

南北朝以来，中原地区经历了长达数百年的外族统治，汉文化与外族文化不断冲突、融合，形成了隋唐时代的文化特色。这种文化特色，体现在宗教、音乐等领域。其中佛教更深入民心，成为汉族的宗教信仰，至宋复与儒、道合流。虽然中唐以后，儒家思想逐渐复兴，到北宋时期，理学思想形成，更逐步取代佛教，成为士大夫的核心信仰。不过，当时一般的士大夫，在日常生活中，还是离不开佛教思想的影响。《笔谈》中也有一些关于北宋时期士大夫与佛教信仰的记录，其中有当时流传的故事，也有沈括亲身从亲友之间听到的事迹。例如《神奇》中有一条关于菜花生成佛相的故事：

> 菜品中芜菁、菘芥之类，遇旱其标多结成

花,如莲花,或作龙蛇之形,此常性,无足怪者。熙宁中,李宾客及之知润州,园中菜花悉成荷花,仍各有一佛坐于花中,形如雕刻,莫知其数。暴干之,其相依然。或云:"李君之家奉佛甚笃,因有此意。"(卷二十,三四四条)

这段故事给我们几项信息:首先,沈括对植物遇到干旱天气时,往往会长出怪异形状的现象有充分了解,并且认为是植物的常性。其次,当时传闻李及之的菜园中菜花结成莲花状,各有一佛坐其中。沈括认为是与常性有异的神奇事件,因此记录下来。再者,为了解释其事,沈括把这种现象联系到宗教信仰上,认为是李氏诚心礼佛而出现的异事。这类无法解释的现象,在《神奇》中还有很多。其中有很多都不是道听途说之事,而是沈括亲身经历或者是从他的亲友那里获知的。以沈氏科学知识造诣之深,对于虚假的传闻,自当有以解谬,但在《神奇》中,他却煞有介事地把这些事写下来。例如郑夷甫预知死期,"余与夷甫远亲,知之甚详"(卷二十,三四九条)。这还可以说是远亲的传闻,那么其中两条关于神怪物件的记载,则是他自己的见闻。其中一条与佛牙有关,那是熙宁年间,他经过咸平县时,与刘子先一同在佛寺中的经历。当时他取佛牙"视之,其牙忽生舍利,如人身之汗,飒然涌出,莫知其数,或飞空中,或堕地"(卷二十,三四三条)。

(二)保存珍贵的科技资料

《笔谈》的内容不仅反映出沈括的知识广博,而且反映了北宋前期中国科学技术的成就。当中既有北宋以前的各种科学技术,也包括了沈括本人的发现和发明,对了解中国古代科技发展具有重要的文献学价值。其中尤为重要的,是沈括对低下阶层科学家和民间智慧的记载。这些人物或技艺匠人,不见于正史之中,也鲜为士大夫所关心,但却因沈括的《笔谈》,使得其中一些重要的资料保存下来。其中最为重要的,是关于我国古代活字印刷术的记录。

北宋是中国印刷术最重要的时期。雕板印刷术在唐代出现,到了北宋时期,由于国家重视文教,对书籍的需求殷切,出现了庞大的雕板印刷书籍市场,因而令这种印刷技术得以蓬勃发展。胡应麟(一五五一——一六〇二)《少室山房笔丛》便说"雕本肇于隋,行于唐,扩于五代,精于宋"。北宋时期,印刷业又进入了另一个新阶段,那就是印刷技术的改良。这得归功于一位民间印刷工匠毕昇发明的活字印刷术。本来，雕板印刷制板工序繁复费时，例如后唐时，宰相冯道奏请依石经文字，刻印九经，由开雕到印刷成书，前后费时二十一年之久，始雕板印刷出经文和注释一百三十卷。这样旷日持久的事业，只有国家才能应付，但对于印刷业的全面发展，以及应付市场的庞大需求，却起不了多大作用。而毕昇却另辟蹊径，采用活字模印刷的方法，来解决制作雕板时间长的问题，从而缩短制板时间。可惜的是，毕昇只是一介布衣，他对印刷工艺的改良，当时得不到重视，而他发明的活字印刷术，也没有在宋代流行。犹幸《笔谈》里的一段文字把整个活字印刷术的原理记录下来，否则我们也不会知道这件事：

> 版印书籍，唐人尚未盛为之。自冯瀛王始印五经，已后典籍，皆为版本。庆历中，有布衣毕昇，又为活版。其法用胶泥刻字，薄如钱唇，每字为一印，火烧令坚。先设一铁版，其上以松脂、腊和纸灰之类冒之，欲印则以一铁范置铁板上，乃密布字印。满铁范为一板，持就火炀之，药稍镕，则以一平板按其面，则字平如砥。若止印三二本，未为简易。若印数

十百千本,则极为神速。常作二铁板,一板印刷,一板已自布字。此印者才毕,则第二板已具,更互用之,瞬息可就。每一字皆有数印;如"之""也"等字,每字有二十余印,以备一板内有重复者。不用则以纸贴之,每韵为一贴,木格贮之。有奇字素无备者,旋刻之,以草火烧,瞬息可成。不以木为之者,木理有疏密,沾水则高下不平,兼与药相粘不可取,不若燔土,用讫再火令药熔,以手拂之,其印自落,殊不沾污。昇死,其印为余群从所得,至今保藏。(卷十八,三〇七条)

又例如五代、北宋时期著名的建筑师喻皓,虽然曾经负责修建开封开宝寺的宝塔,却因为本身只是工匠阶层,因而缺乏关于他的详细记录。他曾经写了部《木经》,是我国古代重要的建筑学著作,但已经失传了。至于他营建的开宝寺宝塔,在当时属于极为巧妙的工程,尤其以倾斜塔身来抵御风力,将建筑物与周遭环境和气候影响的各种因素考虑到设计之中的周详营造规划十分高明,可惜在庆历年间烧毁。现在能够看到的关于喻皓的资料,便是《笔谈》中的记录。关于《木经》的文字,我们能够看到的，也只有《笔谈》中的两段。

六、《笔谈》的不足之处

《笔谈》博大精深，但也不是没有缺点的。首先，这部著作属于笔记体作品，尽管内容渊博，涉猎之事颇广，而且饶富洞见，但缺乏完整的学问体系，尤其当中谈论天文历算的部分，若读者不熟悉相关课题，很难在短短的文字里对天文历算之学有深入认识。

其次，沈括对于自己熟悉的课题，往往能够详加发挥；但也有些条目只是记录了一些现象，却没有做进一步的探究。例如《笔谈》中有一条提及指南针不常指南的现象，沈括最后以"磁石之指南，犹柏之指西，莫可原其理"（卷二十四，四三七条）作结，并没有进一步追寻造成这种现象的原因。而这一条又经常被引用作为沈括发现磁偏角（magnetic deviation）的材料。可是，细阅原文，就会发现，沈括叙述的是怎样令指南针常指着南面的方法：

> 方家以磁石磨针锋，则能指南。然常微偏

东,不全南也。水浮多荡摇,指爪及碗唇上皆可为之,运转尤速,但坚滑易坠,不若缕悬为最善。其法取新纩中独茧缕,以芥子许蜡缀于针腰,无风处悬之,则针常指南。其中有磨而指北者。余家指南北者皆有之。(卷二十四,四三七条)

按文意,沈括感到困惑的,是方家用磁石磨的针,虽然指南,但常微偏东。他没有认识到这是物理学上的重大发现,反而觉得有问题,因而思量怎样改善指南针的设计。最后提出以蚕丝加蜡悬吊于无风处,就能够做到"针常指南"。由是而言,对沈括来说,磁偏角并不是正常的现象,反而认为这种偏差不合情理,必须纠正。事实上,关于磁偏角的发现,更早的记录者是北宋司天监官员杨惟德(一作杨维德),而非沈括。北宋仁宗庆历元年(一〇四一)三月五日,杨惟德在其奉宋仁宗敕与由吾公裕合撰的《茔原总录》卷一《主山论第八》提及罗盘"磁偏角"的存在及校正测定方向误差的方法,他说:

客主的取,宜匡四正以无差。当取丙午

针，于其正处，中而格之，取方直之正也。

意谓要测定坟地四正的方向，必须取丙午方向的针，等到针摆动停止时，中而格之，才能得到正确的方向。杨惟德所说丙午向，即定磁偏角在七点五度以内。《管氏地理指蒙》亦言"磁者母之道，针者铁之戕。母子之性以是感，以是通。受戕之性以是复，以是完。体轻而径，所指必端。……针之指南北，顾母而恋其子也"。与杨惟德同时代的王伋（字肇卿，约九九〇——一〇五〇）在其《针法诗》（仁宗天圣八年〔一〇三〇〕撰）中也说："虚危之间针路明，南方张度上三乘。坎离正位人难识，差却毫厘断不灵。"

此外，不少关于沈括的研究作品，都把他发现"石油"视为重要贡献：

> 余疑其烟可用，试扫其煤以为墨，黑光如漆，松墨不及也，遂大为之，其识文为"延川石液"者是也。此物后必大行于世，自余始为之。盖石油至多，生于地中无穷，不若松木有时而竭。今齐、鲁间松林尽矣，渐至太行、京西、江南，松山大半皆童矣。（卷

二十四,四二一条)

若说沈括首先用"石油"一词来形容这种液体,并且指出石油将大行于世,这点固然不错;但沈括只是认为石油可以用作松墨的代替品,而跟现代人利用石油作为燃料,继而引发能源革命的用途相去甚远。这是因为身处北宋社会的沈括,根本不会有化石燃料的观念,因此,我们阅读这些条目时,也需要注意沈括的"发现"并不就是我们心目中期望的"发现"。

《东坡志林》导读

幽默中显刚正：谈《东坡志林》成书与苏轼的处世哲学

香港中文大学哲学博士、中国语言及文学系讲师

梁树风

一、引言

林语堂在《苏东坡传》中有这样一段话:"像苏轼这样富有创造力,这样刚正不阿,这样放任不羁,这样令人万分倾倒而又望尘莫及的高士,有他的作品摆在书架上,就令人觉得有了丰富的精神食粮。"当然,苏轼的诗词、散文确实写得不错,但在现今忙碌的世代,要在案头放一整部《苏轼全集》,每天翻翻,未必人人能够做到。《东坡志林》的篇章,大部分是苏轼贬谪时期的作品,他刚正不阿的精神,可谓活现纸上;不过,苏轼绝非那种谆谆教诲的老头儿,他喜欢游历,喜欢交友,更喜欢好奇探秘,《东坡志林》便是他把游历交谈间的所见所闻,一切能理解、不能理解的奇人异事都记录下来,加上他幽默风趣的风格、丰富的想象力,绝对是闲时阅读的甘露,聊解人们枯燥的生活。这种笔记式的作品,篇幅比较短小,阅读起来很便捷,文句也不难理解,每天阅读一两段,绝对可以调适身心。

二、苏轼生平简介

苏轼(一〇三六——一一〇一),字子瞻,号东坡居士，北宋眉州眉山（今四川眉山）人。他的文学造诣以至绘画书法皆享有盛名。于诗，与黄庭坚（一〇四五——一一〇五）并称"苏黄"；于词，一改晚唐、五代以来绮靡的格调，开创了"豪放派"的词风；于文，与其父苏洵（一〇〇九——一〇六六）、弟苏辙（一〇三九——一一一二）共同名列"唐宋八大家"。以现今的角度来看，苏轼确是个多才多艺的文学家、艺术家。

苏轼才艺出众，二十二岁之龄便中了进士。开始的时候，苏轼的仕途可谓一帆风顺，很快便晋升至端明殿学士兼翰林院侍读学士（掌进读书奏）、礼部尚书（掌教育、科举、外交等事）。但在宋神宗（赵顼，一〇四八——一〇八五，一〇六八——一〇八五在位）熙宁初年，苏轼因反对王安石（一〇二一——一〇八六）的新法（变法）而遭调任杭州通判（辅助知府政务），后转任密、徐、湖三州知州（掌管州务）。元丰二年（一〇七九），御史中丞李定（？——一〇八七）、御史舒亶（一〇四一——一一〇三）、何正臣（一〇四一——一一〇〇）等弹劾苏轼诗中有讥讽朝廷之语，苏轼因而被捕入京，贬检校水部员外郎，充黄州团练副使（掌团练事务），史称"乌台诗案"。

及宋哲宗（赵煦，一〇七七——一一〇〇，

一〇八五——一一〇〇在位）年幼嗣位，苏轼得以还朝当政，但因与司马光（一〇一九——一〇八六）意见不合，又与程颐（一〇三三——一一〇七）等一派结怨，几次遭到弹劾，先后左迁为杭州、颍州、扬州知州。绍圣元年（一〇九四），宋哲宗复行神宗时期的新法，召回主张变法的章惇（一〇三五——一一〇五）、曾布（一〇三六——一一〇七）、蔡卞（一〇四八——一一一七）等还京，苏轼因而被贬官至岭南惠州。绍圣四年（一〇九七），朝廷再次追贬苏轼等"元祐党人"，闰二月，苏轼再次贬官琼州（今海南省）别驾、昌化军安置等毫无实职的闲官。直至元符三年（一一〇〇），宋哲宗驾崩，宋徽宗（赵佶，一〇八二——一一三五，一一〇〇——一一二五在位）继位，苏轼得以遇赦内徙。次年建中靖国元年（一一〇一），苏轼在北归途中病故，享年六十六岁。

三、《东坡志林》的版本

《东坡志林》流传至今的版本主要有四种：

一卷本	《百川学海》(咸淳本)戊集收录的《东坡先生志林集》
二卷本	万历四十七年(一六一九)毛晋刊刻的《苏米志林》
五卷本	万历二十三年(一五九五)赵开美刊刻的《东坡志林》
十二卷本	《稗海》(万历本)收录的《东坡先生志林》

四种版本中,以五卷本的《东坡志林》流传最广。今天所见《东坡志林》的整理本,如中华书局历代史料笔记丛刊王松龄点校的《东坡志林》(一九八一)、华东师范大学古籍研究所点校注释的《东坡志林》(一九八三)、学苑出版社刘文忠评注的《东坡志林》(二〇〇〇)、三秦出版社赵学智校注的《东坡志林》(二〇〇三)等,都是采用这个版本,考其原因主要有三:一、此版本内容丰富,且收录了《志林》原著的十三篇史论;二、此版本分门别类,阅读起来比较方便;三、此版本在明代经赵开美校对整理,讹误较少。由是,此五卷本《东坡志林》历来刊行最多,流传最广,计有清代张海鹏嘉庆九年(一八〇四)重刻本、嘉庆十年(一八〇五)《学津讨原》本、商务印书馆涵芬楼据赵本校印本(一九二五)等。由于这个版本相对来说最可观,故本书〔即中华书局(香港)有限公司出版的"新视

野中华经典文库"之《东坡志林》〕也以此为底本，译注导读，以便读者阅览。

话虽如此，但一卷本、二卷本与十二卷本的出现及其内容，与《东坡志林》的命名以及成书关系密切，并不可以忽略。读者若能了解《东坡志林》的成书过程，在阅读此书时亦有莫大方便。

四、《东坡志林》的命名与成书

"志林"一名并非苏轼首创，晋代虞喜（二八一——三五六）便有《志林》三十卷，此书多杂论故事，长于考据，与《东坡志林》体例颇近，但苏轼是否因而把此书命名为"志林"并未可知，可以肯定的是，苏轼所著《志林》一书的用意、原貌并非今天五卷本的规模，而是单指五卷本《东坡志林》的第五卷"史论"，也就是上文提及一卷本《志林》的面貌。

这一卷本的《志林》，是苏轼被贬儋州（今属海南省）时所撰写的史论。元符三年（一一〇〇），苏轼在海南遇赦，北归过廉州（今广西合浦县）时，尝寄书予郑靖老（名嘉会，生卒年不详），其《与郑靖老》便提及:"《志林》竟未成,但草得《书传》十三卷,甚赖公两借书籍检阅也。"从文句可见,苏轼十分重视这部《志林》,两次向郑靖老借书校阅,以免出错。邵博(生卒年不详)《邵氏闻见后录》记载了苏轼幼子苏过(一○七二——一一二三)的一番话,也可证明这一点:"苏叔党(即苏过)为叶少蕴(名梦得,一○七七——一一四八)言:东坡先生初欲作《志林》百篇,才就十三篇而先生病。惜哉!先生胸中尚有传于'武王非圣人'之论者乎?"苏过在苏轼被贬海南期间长伴左右,按理最能掌握苏轼编撰《志林》的用意与过程。从苏过的话可见,苏轼当初打算撰写百篇的《志林》,但不幸只及完成十三篇便去世。当中提及的"武王非圣人",便是本书卷五"史论"的第一则文字。

这十三篇"史论",每篇均议论一事,而且每每明言"吾又表而出之,以戒后世"(《赵高李斯》),"吾不可不论,以待后世之君子"(《摄主》),"故特书其事,后之君子可以览观焉"(《隐公不幸》),可见苏轼原意是借着这"百篇"的《志林》,告诫后人有所为、有所不为之事。

这一卷本的《志林》最早见于苏轼后人(很可能是苏轼的三个儿子)在苏轼死后一年内编成的

《东坡后集》中。从现存宋刊本《东坡后集》考察,这一卷本的《志林》与今天五卷本的《论古》部分并无很大的差异。

五、《东坡志林》的流传与改编

北宋末年,苏轼文集曾经被禁毁,南宋弛禁后,文人整理苏轼文集的时候,《志林》一书得以独立刊行,但它的内容却产生了莫大变化,最明显的是陈振孙(一一八三 — 一二六二)《直斋书录解题》在著录《东坡手泽》三卷时说:"今俗本大全集(《苏轼全集》)中所谓《志林》者也",也就是说,在南宋初年,流传着一种以"志林"命名的三卷本《东坡手泽》。

与《志林》的创作时间相近,这部《东坡手泽》大抵也是苏轼贬谪海南期间的作品(因此书又名《儋耳手泽》)。但与一卷本《志林》条分缕析的"论古"体例不同,《东坡手泽》只是苏轼于游历、交往、读书的时候偶有所得,信笔而成。这些文字,很多都是苏轼留给儿子的懿理名言,故以"手泽"(即先辈遗墨)名之。黄庭坚《跋东坡叙英皇事帖》便有这样的记载:"往尝于东坡见手泽二囊……手泽袋盖二十余,皆平生作字,语意类小人不欲闻者,辄付诸郎入袋中,死而后可出示人者也。"这段记载,颇能反映传世《东坡志林》各篇的原始凑集过程,并且揭示了部分篇章似乎并无一个有系统的写作大纲,只是想起什么就写什么,随记随存而已。

至于这部三卷本《东坡手泽》的面貌是怎样的,现在已经无从稽考了,但可以肯定的是,当中不少文字已载录于今天所见的五卷本《东坡志林》中。我们阅读的时候,会发现当中不少言论是苏轼特意留给他儿子苏过的,如卷一《辟谷说》便是为苏过讲述道士修身的"辟谷法":"欲与过子共行此法,故书以授之";卷三《记筮卦》也是苏轼给苏过讲授的一番言论:"吾考此卦极精详,口以授过,又书而藏之。"

此《东坡手泽》最为人称道的,莫过于它在谈谐戏谑间有所劝诫。龚明之(一〇九一——一一八二)在《中吴纪闻·序》中曾这样说:"谈谐嘲谑,亦录而弗弃,盖效苏文忠公《志林》体,皆取其有戒于人耳。"可见在南宋时期,苏轼《东坡志林》所表现的,多是谈谐嘲谑的言论,甚至形成一种文学创作的风气及体裁,这显然与一卷本《志林》的内容和风格判若云泥。当时，南宋文人或许把《东坡手泽》重新编排整合，甚至加插、节录《苏轼文集》的文句，从而导致南宋年间，出现多种《东坡志林》版本。安芮璇《宋人笔记研究——以随笔杂记为中心》一书曾整理南宋年间文人引用《东坡志林》的言论，发现当中有不少文字在今天流传的《东坡志林》中都找不到，可见南宋年间《东坡志林》版本的纷杂。今天流传十二卷本的《东坡志林》很有可能就是在这种风气下逐步形成的。而这部十二卷本的《东坡志林》不录《论古》部分，便正是当时文人偏好谈谐戏谑文字的表现。从毛晋（一五九九—一六五九）二卷本《苏米志林》的序中，我们大可看到明代文人也有这种倾向："大苏（苏轼）老米（米芾）各擅，笔妙而游戏于一时，至今人不敢轻称子瞻，相与尊之曰坡仙，米在当日遂得颠号，今犹群然而颠之，其实两公俱仙也……余（魏浣初，一五八〇—？）偶发此论，而阿甥子晋（毛晋）夙敦尚友之好，在座跃起，曰得之矣，两公各有《志林》，合之双美，不其韵事乎？"

在这部五卷本的《东坡志林》中，我们也不难找到这种后人加插、改动的痕迹，章培恒、徐艳在《关于五卷本〈东坡志林〉的真伪问题——兼谈十二卷本〈东坡先生志林〉的可信性》一文中，便以卷四《勃逊之》为例,指出此则文字乃取自苏轼文集《赠朱逊之》的诗引。虽然这些文句很有可能是后人在整理过程中增益的文字,或非苏轼编撰原书(《志林》或《东坡手泽》)的本意,但后人的整理增益未必无因,当中有许多可以观赏玩味的文字,实不宜丢弃。

昔苏轼撰《东坡志林》"不欲尽书"(《记道人问真》语),凡事皆有可记可省。本书限于篇幅,未能尽录一切条目,故特选与当代社会较密切者,以便读者赏览。

六、《东坡志林》的内容

明万历二十三年(一五九五),赵开美(一五六三——一六二四)刊行了五卷本的《东坡志林》,此卷录有赵开美父亲赵用贤(一五三五——一五九六)的序:"余友汤君云孙博学好古,其文词甚类长公(即苏轼),尝手录是编,刻未竟而会病卒。余子开美因拾其遗,复梓而卒其业,且为校定讹谬,得数百言。"这除了可见当时《东坡志林》版本纷杂、文字差异外,也可看到赵开美在刊刻此书时用力颇勤。故此本一出,其他《东坡志林》的版本便逐渐衰落。

这个本子大抵确立了五卷本《东坡志林》的体例。全书编排以内容划分：记游、怀古、修养、疾病、梦寐、学问、命分、送别、祭祀、兵略、时事、官职、致仕、隐逸、佛教、道释、异事、技术、四民、女妾、贼盗、夷狄、古迹、玉石、井河、卜居、亭堂、人物、论古，共二十九门。

这种编排方式无疑方便了读者分类阅读，但当中有未能明分者，如卷三《技术》中《延年术》和《信道智法说》都有"修养"之义；卷四《古迹》中《铁墓厄台》《记樊山》和《赤壁洞穴》都有"记游"之迹，只是分门别类的时候，或因篇幅、沿袭的关系而分开叙述。

二十九门分类中，以《异事》条项最多，共三十二则，这除了与苏轼生性放达，好游山林、记异物的个性有关外，或许与后期文人整理时的偏好也不无关系。其次为议论历史人物、事迹的《人物》（二十九则）及《论古》（十三则），是苏轼读书所得或议论前人的是非功过；再其次为《修养》（十五则）、《技术》（十四则），讲述修身养性的见闻与苏轼个人的一些看法。

本书虽以此二十九门区分，但正如龚明之《中吴纪闻·序》所言,《东坡志林》所言多"有戒于人",这点不可不察,否则只求谈谐嬉笑的言论,那么此书也无足可取了。我们在阅读的时候,也不难察觉苏轼行文间颇有这种倾向,如卷二《异事上·李氏子再生说冥间事》一则,即使是说异事、传闻,苏轼仍要揭示当中的道理,并且明确指出"书此为世戒";又如卷三《女妾·贾氏五不可》,也是借着对晋惠帝皇后贾氏的评价,而论及谣言的可惧。

书中所记大多没有明示年份,很多只是提及"今日""昨日",可见此书不少文字确是苏轼随意书写而留下的。其中标明年份的有四十二则,主要是元丰三年(一〇八〇)苏轼因"乌台诗案"被贬检校尚书水部员外郎、充黄州团练副使、本州安置至元符三年(一一〇〇)遇赦归还期间的事,占了当中四十则,反映出书中有不少文字成于苏轼贬谪期间。

七、《东坡志林》的现代意义与价值

我们读《东坡志林》,除了可以认识苏轼其人其事外,还可以通过这部书了解北宋年间的人事物态。

当中一些文字,或许能与我们今天的所见所闻互相印证,例如卷三《异事下·冢中弃儿吸蟾气》讲述一个襁褓婴孩因饥荒而被父母弃于洞穴中,一年后他的父母回来,打算捡拾骸骨的时候,竟然发现孩子仍然在世,而且安然无恙,这与二十世纪八十年代"狼孩"的事件非常相近。当日苏轼限于所见所闻,只能记录在案,今天我们阅读这些事件的时候,或许能对书中一二事有别的体会。

另一方面,虽然《东坡志林》成书于九百多年前,但千百年间,人们的处世之道、人生所遇,或多或少都有相类相近的地方。当日苏轼被贬,有冤无路诉的抑郁,或许你我都曾经经历过。然而,苏轼在这段困苦的日子中并没有自怨自艾,而是在痛苦中寻得闲适乐趣,这种达观的处世方法、心态,或许能当作我们生活的一种润滑剂。

(一)处世之道

《东坡志林》渗透了不少苏轼坚持的性格,这种做人处世的哲学,无论在哪一个时空,都是不能叛离的圣道箴言,例如卷三《修身历》记载司马光的一段话:"吾无过人者,但平生所为,未尝有不可对人言者耳",卷四《真宗仁宗之信任》记载李沆所以得到宋真宗的信任，只在于他无私心的缘故。这些都是至理名言，可以终身守之。如果做人能够光明正大，不以私心待物，做到无事不可对人言，那么办任何事都会心安理得，不会提心吊胆。这也就是龚明之对"《志林》体""皆取其有戒于人耳"的一二表现。

（二）养生之言

《东坡志林》讲养生之事很多，这些都是苏轼平生所见所闻。当然，环境的变迁、知识的丰富，会使我们认为当中某些论述无中生有、不切实际，但其实不少言论背后的原理及方向，还是值得我们细心察看的，例如《养生说》言"已饥方食，未饱先止。散步逍遥，务令腹空"的一段话，不就是今天强调"七成饱"的饮食原则吗？饭后轻松散步一下，让食物消化后才入睡，在今天的医学角度来看，可以避免胃酸倒流的现象。这些都是调养身体的不二法门，但我们工作过于忙碌，很多时候忽略了这些道理，闲中拿《东坡志林》来读读，或许能够勾起你几已遗忘的常识。

昔日文人欣赏《东坡志林》，很大程度是建基于苏轼的戏谑之情，以今天的语言来说，就是"幽默"。生活中幽默的调剂,往往能令人身心舒畅,即使面对沉重压力、郁结,也能在一言两语间得以抒怀,例如卷二《隐逸·书杨朴事》记载苏轼在湖州因文字狱的缘故被捕,他的妻儿都在大哭。此时苏轼没有直接安慰他们,而是化用当日隐士杨朴的一番话语,跟妻子说:"难道你不能像杨处士的妻子那样,作一首诗来相送吗?"他的妻子立时破涕为笑,悲伤的心情由是得以缓和。很多人都说中国人欠缺幽默,不懂幽默,其实非是,至少苏轼就是这样一个人物。我们要读幽默,学幽默,这部书绝对是不俗的选择。

(三)善于思辨

我们阅读《东坡志林》,会发现不少篇章是苏轼对前人言论的反驳,尤其是在卷四《人物》和卷五《论古》两部分,都可以看到苏轼善于思辨的能力,例如世人以刘伶为豁达,并举出刘伶携铲出行,告诉他人"死便埋我"的言论作证,但苏轼却指出人既然已经死去,那么为何还要埋葬呢?心中一直存留埋葬的想法,其实就是未能完全豁达的表现。

苏轼这种善于思辨的特点,很值得我们学习。假使不会独立思考,人云亦云,那么我们的人生就只会盲目游走。世间很多事物，都是打破固有的步伐而前进的，若不是，现在我们便不会有计算机、手提电话，更遑论上太空、登月球了。而且苏轼这种思辨能力，并非徒托空言，而是言之有据，还会细心考证，他在卷四《人物·尧舜之事》中便重提司马迁"犹考信于六艺（六经）"的说法，指出我们一定要在既有的基础上进一步发掘问题、思考问题。此外，苏轼议论的时候，文笔斐然，论据充足，论证手法多样，这也是我们学习议论手法的绝好材料。

（四）闲者便是主人

《东坡志林》的大部分内容都是苏轼被贬时写的文字，那种有志不能伸的抑郁，苏轼肯定是有的。然而在《东坡志林》中，我们除了看见苏轼戏谑幽默的一面外，还可以看到他如何在困苦的境地中自我抒怀，尤其是他在卷四《亭堂·临皋闲题》中所提出的"江山风月，本无常主，闲者便是主人"的言论，更提醒了我们：你所拥有的、支配的，未必就是你能享受、欣赏的。就正如江山风月，本来就没有既定的主人，坐拥万亿身家的富翁与自给的农人，他们所看到的月亮都是同一个，并没有丝毫的差异。当然，你可以说富人能用最先进的望远镜，清楚看到月球上的一坑一洞,但这样真的能够支配月亮,真的是欣赏月亮吗?若是我们以闲适的心态,细心观赏玩味,即使是身无分文的人,也能够观赏到月光的美,甚至比富人更能享受这一点。现今社会以利益挂帅,人们分秒必争,希望赚取最多的利润,其实,最后受苦的可能只是自己。即使你争赢了,把利益抢到手,如果不懂以真正闲适的心态去欣赏、享受人间的美好事物,则你并不拥有。

如何享受生活情趣,不妨模仿苏长公,从阅读《东坡志林》开始。

《徐霞客游记》导读

跋涉天涯一奇人

耶鲁大学历史学哲学博士、
香港城市大学中国文化中心主任
郑培凯

一、布衣走四方

徐霞客是明末的奇人，他的著作《徐霞客游记》是一本奇书，在文学史、地理知识史、文化意识史上都有独特的地位，不但为中国旅游文学开创了崭新面目，也反映了中国知识精英在早期全球化期间的世界观发展，对客观世界进行细部的实证考察，并且提供了探索自然的翔实记录，同时一一探究知识的可靠性。《徐霞客游记》的出现，有其划时代的意义，也有其历史文化发展的原因。从书写创作的主观层面来说，涉及游记书写文类的发展，自魏晋以来个人意识的萌发，表现于士大夫文人的放情山水，在欣赏自然美景之余，记录个人对自然的独特观察与体会，追求审美境界的天人合一。这种属于审美范畴的思想意境，通过唐宋时期散文书写的发扬，发展到了明代，已经累积了丰厚的文化资源，可以作为徐霞客汲取发扬的基础，记录日常生活的点点滴滴，化日记的细节书写为文学性与思想性的篇章。

从社会环境的变迁而言，明代中叶之后，中国东南半壁的经济生活极为繁荣，沿着长江中下游与大运河流域，城镇化与经济商品化发展迅速，参与商业行为的人口不断扩张，交通路线急速开拓。除了官方《大明一统志》的地理记载，从当时出现大量商程便览之类的导引书刊，如黄汴《一统路程图记》（后来翻刻成《天下水陆路程》《新刻水陆路程便览》等）、李晋德《客商一览醒迷》、程春宇《士商类要》，可知全国的交通路线以及各地驿站分布，不但胪列得十分清晰，巨细靡遗，而且标注出五里、十里、二十里、三十里、五十里、六十里、七十里的路程地望，方便商贾经商旅行，当然也同时惠及出门旅行的游客。因为经济繁荣与稳定，一些富裕人家在生活有了余暇之后，游山玩水成为相当普及的社会风尚，不再是极少数达官贵人的禁脔，得以让个别精英人物在不忧衣食的环境中，尽情发挥个性，在寻觅山水奥秘之中，满足自我存在的意义。

清初泉州人黄虞稷的《千顷堂书目》，列举了士大夫文人的旅游著述，作者达五十七人之多。这些文人学者书写的游记，与路程便览、客商指迷以及历代记述地理山水的志书都不同，是属于亲身经历的记述，不是沿袭前人著作的书抄。历史地理学者周振鹤研究明代后期旅行家群体，特别指出，这些游记的作者大多数是进士出身，或者是有一定官职的举人或诸生。旅游的性质，有许多是因为"宦游"，也就是借着执行官府职务的机会，或走马上任，或巡按调查，途经名胜古迹，顺便"到此一游"，却又感到旅游的乐趣值得笔诸为文，记下自己的游踪，也算是"读万卷书，行万里路"的体现。如王世贞的弟弟王世懋，在他《闽部疏》的序里就说，"今天下内外官，得行部遍者，直指、督学两使者而已。世懋束发宦游，多历海内名山大川"。清楚地说明，达官贵人旅游天下，经常是执行公务的附带行为，多半可以归于今天所说的"公费旅游"。必须在此指出，晚明最出色的旅行家徐霞客，虽然出身世家，却抗拒科举仕途，未曾谋过一官半职，因此，他足迹遍天下，倒是从未使用过公帑，所有旅游花费都是自己提供的。

明代中期以后，士大夫文人学者除了游山玩水，写下亲身经历，也对寰宇地理进行仔细的实地考察，编写成长篇著作，既有游山玩水的观赏性质，同时反映了实证考察的学术钻研。从王士性的《五岳游草》与《广志绎》、何镗的《古今游名山记》、杨尔曾的《海内奇观》、墨绘斋刻本《天下名山胜概记图》、曹学佺的《蜀中名胜记》，以及顾炎武的《肇域志》与《天下郡国利病书》等等，可以看到，写作的目的兼具知识性与观赏性，蕴含了许多个人观察外在世界的信息，与上述商程导引书刊的性质不同。从这些游记与记载山川形势的书中，我们可以探知，明末文人学者游览名山大川的动机，或许初始意在旅游玩耍。亲身游历，仔细观察名山大川之后，还要字斟句酌，发之为文，就有了超乎娱乐的文学审美与知性追求。晚明时期的社会文化繁荣与变化，冲击了许多上层精英的知识系统，在探索内圣外王的心性之学以外，对外在世界的客观存在产生了浓厚的兴趣，触发了知识结构的变化。知识探求不再限于儒释道的心性辨析，而想跨越传统的文献知识，摆脱古人诉诸圣贤权威的不求甚解方式，试图通过亲身的验证，清楚认识客观世界与自然地理的面貌。徐霞客就是这种探求客观地理真知最典型的人物，《徐霞客游记》也就成了建构新知识系统的重要著作。

徐霞客才气纵横，文笔恣肆而又细腻精确，具备了艺术家刻画自然的写生才能，又有观察实证的科学逻辑头脑。他探索自然地貌环境，似乎只是为了纯粹的求知目的，满足自己的好奇心。他记录实地考察山川地理的经历，颇像达尔文乘"小猎犬号"（Beagle）考察船环游世界，抱持追求生物科学知识的执着，记录各地物种那样，写成巨细靡遗的游记，并无功利的考虑，没想过什么"实用价值"。我们可以想象，徐霞客每天翻山越岭，攀缘险峰，涉过溪涧，到了晚上还孜孜不倦，在昏暗如豆的灯下，展开文房四宝，沾濡着他饱览山川大地的无限深情，以优美的文笔，一个字一个字，记下详细的亲身观察。他从家乡江阴出发，穿的是草鞋或麻鞋，日复一日，不存在任何功利目的，走遍中国名山大川，进入西南大地，深入不毛，一直走到滇缅边境，这是何等的精神？到了夜深人静，他还不顾跋涉整天的疲劳，写下如此优美的大地颂歌，是什么样的超越力量支撑着他，为我们留下了《徐霞客游记》？

当然，徐霞客具有特殊的文学艺术才能，有观察世界的精密逻辑思考方式，像实验室里的科学家一样，锲而不舍，一丝不苟，有兴致，也有能力，组织起身体力行的观察，记录下跋涉天涯的每一步足迹。不过，我们还是要问，除了上述的时代环境，是什么具体原因，因缘际会，激发了徐霞客，让他停不下脚步，必须走尽天涯海角，必须把每分钟的历程记录得丝毫不漏？徐霞客的主观能动性是哪里来的，是什么内在因素激励他日复一日，年复一年，行走天涯，写出如此卷帙浩繁的游记？是家世中的什么特殊背景，生命中的什么环节，驱动他的心灵，使他像一颗漫游在外太空的彗星，循着自己的轨道，永不歇止？

读《徐霞客游记》，要心存景仰之情，它不只是读一本好玩的游记，也不只是欣赏优美典雅的文章。要想到徐霞客行走天涯，是以<u>独特的个性，来展现人类特有的求知精神，求真求是，为求知而求知，为审美而审美，为躬亲体验山河胜景而游历</u>。这种对外在世界的纯粹好奇，要亲身去体验的求知精神，是人类有别于其他物种的特性，也是人类文明发展的基本动因，值得我们思考，也值得我们学习。

二、辉煌又悲剧的士绅徐家

徐霞客（一五八七——一六四一），原名宏祖，亦作弘祖，字振之，号霞客，明代南直隶江阴人。他的家族是江阴望族，祖先于宋元之际来到江阴的西顺里，后来定居梧塍里，至少到了元代就已经在地方饶有声名，跻身于精英阶层。从倪瓒

（一三〇一——一三七四）在一三七〇年写的《题书屋图》可知，无锡地方的大画家倪瓒与徐氏祖先徐均平是好朋友，特别欣赏均平刚满十岁的儿子徐麒（一三六一——一五一五），说他"清令不凡，异日必能乘长风破巨浪"，所以为他取了"本中"为字。倪瓒还说，他画这幅《书屋图》，是为了鼓励徐麒，期望这个聪慧的少年努力向上，可以继承与发扬徐家的世德家声："徐郎已能绨书鉏经，尚默观此意，居静饮和，允执以往，吾知为世德家声所积者深矣。并为图一书屋，题诗于上，以志期望云。"

倪瓒显然非常器重徐家的少俊，才会为他画一幅《书屋图》，还题了诗，希望徐麒能够读书成才："问字惭荒老，垂髫喜亢宗。亲方行役远，道在慎吾中。露净当空月，香余隔户风。幽斋无长物，琴帙隐高松。"虽然是写给徐麒，鼓励青少年读书上进，诗中流露的心境，却向往隐逸高士在幽斋弹琴读书的情景，想来也隐约是倪瓒的自画像。这幅画还有不少著名的诗人画家为之题跋，如倪瓒的好友杨维桢（一二九六——一三七〇）当时就在场，即席写了《本中书室图与云林子赋》，说道："蓉城徐郎十岁耳，琼芽轩轩，已有餐霞御飙之异。云林子以世好命之字曰本中。复为捻墨。予时在阁中，顾索赋，遂并纪一绝。"诗云："小凤遐飞碧玉京，玄亭抵掌共卿卿，图成好识先天语，十二楼头第六楹。"也是鼓励青年少俊要努力，以求飞黄腾达，在昆仑仙宫群玉山头，能够占有一席之地。不过，鼓励年轻人读书上进，以飞升仙家宫阙作为参照，也的确是别有用意，不知道小徐麒是否读得出其中深意。苏州的大诗人、明初十大才子之一的高启（一三三六—一三七三）也为倪瓒书屋画幅写了题跋，说："云林师之字本中，窅然不欲作小大观，不可无言，为申幽解。"并且赋诗一首，申说幽微的深意："一往翔驹气若龙，风云举足自相从。寸心宁逐天倪返，变化由来未出宗。"先标出龙马精神，风虎云龙，气象干云，随后却说内心宁愿回归自然之道，万变不离其宗。

过了八年之后，洪武十一年戊午（一三七八），同列明初十大才子的徐贲（一三三五—一三八〇）在徐麒的行笥中看到倪云林的图咏，发现其中题跋，都是逝去的故友，"不胜今昔之慨"，也题了一首诗："幽人丘壑心，英士风云色。出处万里远，触机在深寂。领此未发意，相看两不拂。云林有高真，玄扉炼灵液，往来挟飞仙，不与人群习。遥望故人子，一见能洞别：丹佳影犹含，丛兰苗方出，锡之以珍名,授之以微密。先天返吾宗,小景图太极;华篇遂成林,风雅东南绝。忽焉数载余,语语既冥合。鸿声启后人,遗咏慕前哲。作者慨莫从,来者欣未息;瑛带转难穷,珍重千秋业。"从这首诗里,我们多少可以窥知元末明初知识精英,生活在动荡年代所处的困境,对出处仕进采取消极的态度。作为徐麒的长辈,在称赞少年英华的同时,不经意流露出明哲保身的想法,暗示归隐才是处身之道。青少年时期的徐麒是否能够读出前辈诗中的弦外之音,我们是无法知道了,但是,后来世事的发展却残酷地"为申幽解",印证了诗句对仕进的忧惧。倪瓒与杨维祯退隐山林,得以善终;高启与徐贲卷入官场的起伏,最后都遭到明太祖的残杀。

徐麒是徐霞客高祖徐经(一四七三——一五〇七)的高祖,也就是上溯八世的祖先。从徐麒出生(一三六一)到徐霞客逝世(一六四一),徐家九代人恰好经历了明朝的三个世纪,也与明朝兴衰的命运类似,经历了从兴盛到逐渐衰败的历程。从南京国子监祭酒陈敬宗(一三七七——一四五九)在正统十二年(一四四七)所写的《明故徐征君(麒)墓志铭》来看,徐家在元明之际就已经相当富裕,徐麒更是经营有方,而且乐善好施，喜欢交往文人画家，经常举办雅集："家极丰盈，至君辟畦连阡，原田每每，储橐益广，然富而好礼，见义必为，赡荒周乏，时时惟以推衣授室为念，故德流暖溢，所以沦彻乎物者甚广。至于礼贤下士，倾盖之契，久要之诚，互极其绸缪雅意。性不嗜酒，无歌声舞影之欢，惟良朋登访，必展瑶席，飞彩毫，相与酬酢觞咏，彻昼夕而无怠色。盖其灏气袭人，和风鼓物，有非恒情可能者，是以宇内播扬，咸仰之为山斗。"

徐麒在明初洪武年间，曾被地方推举到中央，奉诏到西南羌蜀地区，做过安抚边区少数民族的工作，受到朝廷的嘉许。但是，他并不栈恋官场升迁，以家计浩繁需要处理为由，请求回到家乡做征收赋税的工作，辞去朝廷颁奖，急流勇退。他被安排回到家乡工作，正好配合明初国家草创急需税收的政策，也符合前辈的称许与期望，退居乡里，明哲保身，却是当时极为少见的。陈敬宗写的墓志铭就说："回想我高皇之朝，得请告归里者，自君而外，未能一二见也。"此后的徐家，在江阴地区担负征收赋税的任务，"上下相安于乐利"，奠定了稳定的社会基础，一直保持富裕乡绅的地位。徐麒的两个儿子景南与景州，都能继承父业，在明代前期的永乐、宣德、正统年间，得到政府的眷顾，累积了丰厚的资产。

徐景南的儿子徐颐（一四二三 — 一四八三），曾接受诏令，担任过中书舍人的职位，在文华殿当差，有过亲仰龙颜的荣耀，使徐家的地位更上一层楼。但是，他依然遵循谨慎笃实的家风，按着祖父徐麒处世的方法，在朝中工作了一段时间之后，就以奉养双亲为由，辞官归隐家乡，继续富裕乡绅的低调生活。他继承祖辈反馈家乡的策略，通过各种善举，捐赋税，救灾荒，修桥铺路，维持了徐家乐善好施的名声。李东阳（一四四七 — 一五一六）任翰林院侍读学士的时候，曾为徐颐写墓志铭，就说，"家旧多赀，君益勤俭，治生业，增产拓地，殆无虚岁。乃以其羡赈凶贷之，而薄其息入以为常。及其子元献举乡贡，喜甚。会当征逋谷，贫不能偿者数千石，悉捐之。县南通衢有永安桥，当潮冲圮弗治，君发私财修之，工役颇巨。其余葺治桥道，多至不可数。"最后总结为铭文："大江之阴，山高水深，君居其间，不闻足音。有田有庐，有服与簪，亦有行义，邦人所钦。西顺之乡，梧塍之里，生斯葬斯，终复其始。著铭刻石，作者太史，九原有知，以慰汝子。"称誉有加，却也符合事实。

徐颐的长子徐元献（一四五五——一四八三），十分好学，为江阴徐家走向显赫带来了希望。徐颐为了培养儿子，特别延聘名师张亨父为西席，教导进学之道。徐元献不负众望，于一四八〇年，二十六岁的时候中举，崭露头角。徐元献在南京中举，房师就是李东阳，听好友张亨父说过元献成长的过程，知道徐颐注重对元献的培养，管束甚为严厉："余尝闻亨父言，君（徐颐）教子严甚：不侈服，不重肉；馆于后圃，左右图籍，不令与阛市相接，而日躬课核，至夜分乃罢，故元献弱冠成举子，及古文歌诗，皆有名。"当时正在南京侍奉父亲疾病的倪岳（一四四四——一五〇一），也是张亨父在翰林院的好友，与南京秋闱的考官罗璟、李东阳则是一四六四年考取进士的同年友，又认识徐元献的叔父徐士亨，对江阴徐家颇有好感。他原来就听张亨父说过，教导过的学生最优秀的就是徐元献，而徐颐教子有方。一四八〇年南京秋闱的结果，证实了长辈的期望，倪岳从两位考官之处得知，徐元献在南京乡试中脱颖而出，名列第三，因此写了《贺经元徐尚贤序》。这篇文章明确指出，江阴徐家累世丰硕，富甲江南，而徐元献读书有成，科举得胜，可以光大门楣，给家族带来的荣耀是无可限量的。文章虽长，

却条理分明:

予尝闻翰林检讨张先生亨父言,其及门授经之士,惟江阴徐氏之子元献尚贤者,尤精敏嗜学。加其尊翁一庵笃于教子,朝夕课督其业不少置,将来大有成者,其可望矣。予归侍先君尚书大人之疾,家居最久,士夫往来江南者益众,由是而稔闻其贤;益知亨父之所称许者不苟也。乃成化庚子秋,洗马罗先生、侍讲李先生皆予同年友也,奉命来考南畿。试既毕事,辄以小录见示,其第三名则元献也。及见二先生而询其取士之实。则曰:"明经考古,虽平居从容,执书策,伸纸濡墨,或不能精凿若是,况夫风檐寸晷之下者乎?得士如此,则是行为不虚矣!"呜呼!闻与见异情,以其所闻,参其所见,然后士之实可知也。何则?称誉多溢美,而照察无遁形;二者无一谬焉,予于是而嘉元献之所以成今日之名者有本也。元献之大父梅雪翁,承累世丰硕之业,以赀甲于江南,而敦诗悦礼,著为家法。至一庵绩学励行,以翰墨重缙绅间。荐授中书舍人,入直文华便殿,日近清光,荐承宠渥。无几即谢事归,徜徉山水间,以诗酒自娱。四方文学之士,有重名者,恒礼致家塾,以训子弟,而躬考其成。由是弟士亨以《书经》举顺天京闱乡试第一,累迁荆门守,有清白之誉。今兹元献复以《易经》擢魁多士。世美相承,若徐氏者,可谓甚盛矣。夫贵不期骄而骄自至,富不期侈而侈自至;虽有聪敏之资,而骄侈之心乘之,求学之有成难矣。况敢颙望文明之显赫,衣冠之蝉联,以振耀于时者哉?况一门竞秀,两魁继擢,方出于贵富之族者哉?是非负卓然出群之识,轩然大用之志,不汩没于庸众之习,而超诣乎圣贤之指,讵能不蹈昔人之戒,而克副乎士夫之所期也?元献荣荐而归,足慰一庵平日教成其子之心,可谓能以志养者矣。不日偕计上春官,进对大廷,享有禄位,推是以往,宜无所不至。然予窃有告焉:夫处贵者宜思其恭,处富者宜思其俭。恭以事乎上,接乎人,则无失德;俭以处乎己,刑乎家,则无失事。二者交勉焉,于以迓天麻而延世德,则元献之责也。而徐氏盛大之族,其所以望于贤子孙者固宜然哉?非徒以是张而大之而已。昔者一庵往来于先君所有年,而予亦尝交士亨于京师，且亨父于予又同年而契者，故于元献之捷，其所以为之而喜者不一也。请以是规致赠言之义。若夫夸诩歆艳之词，非所先也。

倪岳的文章说到江阴徐家累世富裕，虽富有却尚未贵显，然而发展的前景则无可限量，主要讲了几点：

一、徐家累世积德，读书上进，早已是名满江南。

二、徐元献才学俱备，名实相副，是因为家学渊源，祖父徐景南、父亲徐颐都是富而好礼的饱学之士。

三、徐元献的叔父徐士亨中顺天乡试，已经任官荆门。

四、徐元献中举，继叔父之后取得功名，"不日偕计上春官，进对大廷，享有禄位，推是以往，宜无所不至"。期望能够考中进士，让徐家成为显赫世族。

五、看来徐氏一族已经踏上盛大之途，还盼徐氏子孙节俭恭敬："处贵者宜思其恭，处富者宜思其俭。恭以事乎上，接乎人，则无失德；俭以处乎己，刑乎家，则无失事。"

倪岳的期望与告诫，显示徐家的显达与兴旺

指日可待，然而世事难料，居然功亏一篑，遭到了"盛极必衰"的厄运。徐元献虽然科场得意，得到许多前辈的关怀，却因身体羸弱，无法支撑读书过度劬劳的负担，还没考上进士就去世了，享年二十九岁。徐元献英年早逝，给徐家带来沉重的打击，年过花甲的父亲更是难以承受，白发人送黑发人，情何以堪，六个月后徐颐逝世，可能就是因为殇子之痛。徐元献过世，留下了一个儿子徐经。徐经早年丧父，倒是聪慧颖悟，读书有成，科举顺利，二十五岁就通过乡试，成了举人。没想到在弘治十二年己未（一四九九）的春闱会试，却引起了滔天大祸，身陷囹圄，声名扫地，以至于赍志以殁。

三、他弃了科举

徐经（一四七三—一五〇七）是徐霞客的高祖父，十岁连丧父祖两代至亲，还好有富裕家庭的支持，得以专心攻读经书，致力科考。年方二十五岁，通过弘治八年乙卯（一四九五）的南京乡试，表现出色，继承早逝父亲的未竟之志。虽未连捷进士，但已经一鸣惊人，声名远播，被誉为江南著名的才子，与苏州的青年才俊如祝允明（一四六〇—一五二六）、文徵明（一四七〇—一五五九）、唐寅（一四七〇—一五二四）等人交好，意气风发。隔了三年之后，弘治十一年戊午（一四九八），唐寅在南京乡试大放异彩，夺得解元鳌头，接着就与徐经一道，参加次年春天在北京举行的会试。徐经家财万贯，带着仆从与优伶，一路炫富，与唐寅联袂入京，引人侧目，当然也引人嫉妒。会试期间，就有给事中华昶听闻其中有鬻题之弊，事牵贿赂，遂弹劾主考程敏政，引发了弘治年间的科场大案，其中牵扯到官场斗争，惹得龙颜大怒，致使唐寅与徐经不但被黜退功名，还下诏狱拷打逼供。最后是弹劾者与被劾者一概贬斥丢官，唐寅与徐经则身败名裂，断绝了仕进的希望。这一桩科场大案，真相究竟如何，徐经是否贿赂买题，唐寅是否参与其事，在当时已是谣言满天，扑朔迷离。朝廷的处置方法却很简单，真实情况无关紧要，平息事端才是上策，于是，惩罚一切涉嫌人等，原告被告一起挨打。唐寅与徐经还没涉足官场，就成了一场斗争的牺牲品，断送了一生的前途。

《明史·文苑》唐寅有传，其中说到唐寅："举弘治十一年乡试第一。座主梁储奇其文，还朝示学士程敏政，敏政亦奇之。未几，敏政总裁会试，江阴富人徐经贿其家童得试题。事露，言者劾敏政，语连寅，下诏狱。"尤侗《明史拟稿》所述相同，指出参劾者是华昶。王鸿绪《明史稿》则说"寅友人都穆构其事"。三者资料来源相同，可知科场大案是由都穆肇其端，给事中华昶揭发弹劾。然而，事实究竟如何，是真有贿赂，还是诬陷，正史没有细究，含糊其词，让读者得到徐经贿赂买题的印象。

地方志与唐寅友人的记载，则力辩唐寅之冤。《吴县志》记载："弘治戊午，试应天第一。旁郡有富子，亦举于乡，慕寅，载与俱北。既入试二场后，有仇富子者，抨于朝，言与主司有私，并连寅。诏亟捕富子与寅付狱，逮主司出，同讯于廷。富子既承，寅不复辨，同被黜。"祝允明写的《唐子畏墓志并铭》说得最详细："戊午，试应天府，录为第一人。己未，往会试，时旁郡有富子，亦已举于乡，师羡子畏，载与俱北。既入试，二场后，有仇富子者，抨于朝，言与主司有私，并连子畏。诏驰敕礼闱，令此主司不得阅卷，亟捕富子及子畏付狱。诏逮主司出，同讯于廷。富子既承，子畏不复辨，与同罚，黜掾于浙藩。归而不往。或劝少贬，异时亦不失一命，子畏大笑，竟不行。"从这些较为原始的资料，我们还是不能确知到底是否真有贿赂情事,只知道唐寅与徐经在会试之时,被人陷害,下了诏狱,廷讯之时,徐经认了罪,就此结案,褫夺功名。唐寅也就认了,从此浪荡江湖。

唐寅与徐经被打入天牢并经廷讯的这一段经历,到底具体发生了什么,史书没有记载。但是,从唐寅写给挚友文徵明的信,自比司马迁写信给任安,说得披肝沥血,我们或可揣摩一二。信中说到他荣获解元之后的遭遇:"方斯时也,荐绅交游,举手相庆;将谓仆滥文笔之纵横,执谈论之户辙。歧舌而赞,并口而称;墙高基下,遂为祸的。侧目在旁,而仆不知;从容宴笑,已在虎口。庭无繁桑,贝锦百匹;谗言万丈,飞章交加。至于天子震赫,召捕诏狱。身贯三木,卒吏如虎;举头抢地,溟泗横集。而后昆山焚如,玉石皆毁;下流难处,恶恶所归。"明确说到,在狱中用了重刑,拷打逼供。想来是受刑不过,屈打成招的。

关于徐经到底是否贿赂,是否向程敏政的童仆买题,也始终是个谜团,无法辨明真相。可以确知的是,有人告讦,有人弹劾,有人下狱,有人动刑,有人受不了刑因而认罪。有趣的是,认罪之后,罪犯却没有判刑,轻轻发落了。告发舞弊案的给事中华昶,却遭到降职贬斥的处分。其中奥妙何在呢?对于这段痛苦经历,徐家后世不愿多谈,地方志却有简要的记述。乾隆本《江阴县志》说:

> 徐经,字直夫,中弘治乙卯科。父元献,成化庚子科第三人。经与吴门唐寅,以才名相引重。寅发弘治戊子(午)解元,公车北上,与经偕行。为都穆所忌,蜚语诬以贿主司程敏政家童预得试题。实因戊子(午)乡试主司梁储奇寅文,还朝携以示人,敏政亦奇之。忌者妒两人才,因经家富,遂饰成蓁菲。言官风闻,劾之,下诏狱,分别谪遣。

光绪本《江阴县志》也说:

> 徐经,字直夫,同年十五举子之一。与吴门唐寅,并以才名相引重。寅领戊午解,经与俱北上。吴门都穆恶之,蜚语流闻京师,经竟与寅同镌名。归益肆力诗文,著《贲感集》。黄傅赠诗曰:"夏商人物徐直夫,周汉以来人世无。穷年对坐不见客,闭户反观恒丧吾。四壁芸香时落蠹,千仓红朽食无鱼。迂余老眼亦

空尔,公是公非敢厚诬。"

这一桩科场大案,摧毁了唐寅飞黄腾达的美梦,造成了游戏人生的风流才子,落魄江湖,最后贫病交加,艰苦困蹇,郁郁而终。对富甲一方的江阴徐家,则是影响深远,刻骨铭心,更可能改变了家族对仕进的态度。徐经在科场案后,发配回籍,背负着屈辱,生活了八年,逝世的时候才三十五岁。累世积德的徐家,在徐元献与徐经两代的科举进学上,灌注了大量的心血与极高的期望,却收获了早殇的挫折,蒙受了舞弊的屈辱。科场大案成了挥之不去的阴影,笼罩着徐氏家族,一直到徐霞客搜集家族资料,刻石装帙,印成《晴山堂帖》,都可以感到家族对徐经一案的难言之隐。徐霞客请董其昌为自己父母合葬写墓志铭,提供了家族资料,写成《明故徐豫庵隐君暨配王孺人合葬墓志铭》,是这样叙述江阴望族徐家的:

> 澄江以徐氏为望族。自其始祖本中以布衣奉高皇帝命使蜀,辞官归里,朝士高之,赋诗送别,为国初盛事。本中归而出粟赈恤,为德于乡。及其没也,当世名公,若魏文靖、王文

端、胡忠安、叶文庄辈,皆哀挽铭诔,语无虚美,大书深刻,传播海内:大江之南,以碑板不朽先德者,由徐氏风之也。数传而有豫庵隐君,及仲子弘祖,复能修本中之事,以高隐好义称。

表彰徐氏祖先,大大赞扬徐麒(本中)之后,其余一概不提,直接就跳到徐霞客的父亲徐有勉(豫庵),并且称赞徐弘祖(霞客),而赞词则是"复能修本中之事,以高隐好义称"。徐氏家族希望人们看到的是"高隐好义",是富而好礼,不愿意再提家族曾经努力科举发迹的隐痛了。徐霞客英华早现,陈函辉写的《霞客徐先生墓志铭》说他,"童时出就师塾,矢口即成诵,搦管即成章",却从不热衷科举,也没有来自父母与家族的压力,反而游踪遍天下,成为一代最伟大的旅行家,想来是跟徐家的科举阴影有关的。

四、为行远登高而生

按照徐霞客好友陈函辉写的《霞客徐先生墓志铭》与近代地质学家丁文江的《徐霞客先生年谱》,

徐霞客的游踪遍布大江南北，深入西南边区，从一六〇七年开始游历名山大川，大概情况如下：

一六〇七（万历三十五年丁未）：游历太湖，登眺东洞庭山、西洞庭山。

一六〇九（万历三十七年己酉）：游历齐鲁燕冀，上泰山，拜访孔孟故里，入北京。

一六一三（万历四十一年癸丑）：游历浙东，渡海至珞珈山（普陀山），南游天台山、雁荡山、青田石门、缙云仙都峰。

一六一四——一六一五（万历四十二年甲寅到万历四十三年乙卯）：游历南京、扬州，以及江南各地。

一六一六（万历四十四年丙辰）：春初游历黄山、齐云山，夏至武夷山，秋天访浙东绍兴一带名胜，游杭州西湖。

一六一七（万历四十五年丁巳）：游历宜兴善权（善卷）洞、张公洞等地。

一六一八（万历四十六年戊午）：秋天到九江，游庐山，遍历五老峰，再游齐云山、黄山，登九华山。

一六二〇（泰昌元年庚申）：游历浙江，溯钱塘江，游衢州江郎山，至福建仙游九鲤湖，观九漈瀑布。

一六二三（天启三年癸亥）：由徐州、开封，登嵩山，宿少林寺。经潼关，登华山，再翻越秦岭，沿丹江南下，至太和山（武当山）。

一六二四（天启四年甲子）：是年徐霞客母八十岁，奉母游常州荆溪、句曲（茅山）。

一六二五（天启五年乙丑）：是年母卒，家居守孝三年。

一六二八（崇祯元年戊辰）：由浙江江山，越仙霞岭入福建。经蒲城、建宁、延平（南平）、永安、漳平，到漳州。于漳浦访丧母守制的黄道周。再南下广东，访郑鄤于罗浮。

一六二九（崇祯二年己巳）：游北京，登蓟州盘山。

一六三〇（崇祯三年庚午）：二月访郑鄤于常州，至丹阳见黄道周。七月再游福建，过仙霞岭，经延平、沙县、永安，到漳州。

一六三一（崇祯四年辛未）：到苏州访文震孟。

一六三二（崇祯五年壬申）：三月再游天台、雁荡，四月底三游雁荡。七月与黄道周游太湖洞庭山。

一六三三（崇祯六年癸酉）：自北京赴五台山，游恒山。秋天三访漳州，与黄道周相聚。

一六三六（崇祯九年丙子）：游历浙江、江西。自此开始万里远征，由浙江经过江西、湖南、广西、贵州，到云南，旅途长达四年，至一六四〇年（崇祯十三年庚辰）归返江阴家乡。

一六三七（崇祯十年丁丑）：游历湖南，登南岳衡山，经永州、郴州，再赴广西桂林、阳朔，经柳州，到南宁。

一六三八（崇祯十一年戊寅）：由广西入贵州，经独山、都匀、贵阳，再经普安入云南，经曲靖，到昆明，再由昆明西行赴鸡足山。

一六三九（崇祯十二年己卯）：由鸡足山赴丽江、大理、永昌、腾越，再返鸡足山。

一六四〇（崇祯十三年庚辰）：自云南东归江阴。

一六四一（崇祯十四年辛巳）：徐霞客卒于江阴。

徐霞客是中国有史以来最为特立独行的探险家，行迹遍历中国大地山川。说到名垂青史的大探险家，一般教科书总会提到汉代的张骞与明代的郑和。前者凿空西域，开辟了丝绸之路；后者漂洋过海，带领明朝海军舰队叱咤在印度洋，抵达东非海岸。张骞与郑和的事迹，昭著史册，开辟东西交通的门户与通道，是历史书上的"伟大的旅行家"和"杰出的探险家"。徐霞客能够与他们媲美，也当得起这样的美誉吗？

表面上看，徐霞客作为旅行家或探险家的地

位，并非经国之大业，没有改变历史的丰功伟绩，似乎远逊张骞与郑和。但是，我们也不要忘了，张骞与郑和的远游，都是奉了朝廷使命，作为中华帝国的使节，跋涉万里，远渡重洋，执行重大的国防外交决策，是攸关国家安全的任务，不是个人自由意志的行为。徐霞客的游历远行则不同，完全是个人的选择，是个人自由意志的展现，与政府决策丝毫沾不上边，既不是为了领受钦命去开疆辟土，也不是为了招徕远方的朝贡，只是为了满足自己的好奇，为旅行而旅行，为探险而探险，要让自己的身躯体会大地所承受的风霜雨露，让自己的脚掌亲吻山河大地的每一寸泥土与流水，振衣千仞岗，濯足万里流。

不因执行任务，不因奉了钦命，不因外铄的因素，无关国计民生，不求功利，不求闻达，只是从个人的信念出发，为了自己的爱好，追求自己纯粹的兴趣，坚持不懈，这是什么样的心理？是什么样的人生态度呢？这与现代意义的科学家求真、艺术家求美、哲学家探求思辨逻辑、文学家摸索文字的完美秩序，在本质上是否属于同一种精神追求？徐霞客游览山川的认真与执着，以个人的实存为出发点，审视山河大地的容颜，以自己的生命来实践、体验宇宙的奥秘,颠沛必于是,乐趣在其中,仰不愧于天,俯不怍于人,是否接近现代人肯定自我个性的展现?还是远祧庄子逍遥游的精神,超乎世间现实,类似想象的"真人",可以上天下地,遨游天际?不过,我们绝对不能忘记,徐霞客以游历天下为毕生职志,几乎"上穷碧落下黄泉",是实实在在的生命实践,一步一个脚印,与缥缈不羁的神游玄想,是完全不同的。

徐霞客身后留下的《徐霞客游记》,记录了他游历的所见所闻所思,是本私人日记,生前并未出版。徐霞客事母至孝,他写下游历日记的初衷,是为了让母亲跟着他的足迹,通过游历者的眼睛,卧游天下。他遵守"父母在,不远游"的古训,母亲在世的时候,主要是游历东南半壁江山,离家的时间不会太长。徐霞客壮游之最,是他西南之行的"万里遐征",从浙江到江西,经湖南、广西,再到贵州、云南,历时四年,写了十倍于前的游记,却是母亲逝世之后的事。或许他写游记已经成了习惯,白天登山涉水,晚上就在荧荧如豆的油灯下,铺开纸笔,记下每天的经历。他文笔优美,叙事精确,是上好的文学杰作,虽然生前未曾出版,却成了中国文化的瑰宝,应了杜甫怀念李白的诗句:"寂寞身后事,千秋万代名。"

徐霞客的事迹与他的游记书写,亲朋好友是知道的,也在私下传抄他的游记。他这种只身走天涯的独特行径,是远离人迹的独行侠作风。黄道周十分钦佩徐霞客戛然独立的性格,曾经说他是"孤云独往还",徐霞客引以为知音,与黄道周一道唱和,按着这五个字赋诗,各写了五首诗。黄道周与徐霞客唱和,还写了不少诗作,其中有一首七言古诗长篇,是崇祯三年(一六三〇)黄道周在丹阳见到徐霞客之后,有感而发。长诗是这么开头的:

> 天下骏马骑不得,风鬐雪尾走白日;
> 天下畸人癖爱山,负铛泻汗煮白石。
> 江阴徐君杖屦雄,自表五岳之霞客。
> 鸢肩鹤体双瞳青,汗漫相期屡不失。
> 事亲至孝犹远游,欲乞琅玕解夜织。
> 万里看余墓下栖,担囊脱屩惊乌啼。
> 入门吹灯但叹息,五年服阕犹麻鞋。
> 贵人驿骑不肯受,掉头毕愿还扶藜。
> 自言蚤岁适雁宕,绝藤级绠穷上下。
> 天台石梁平如兜,青霞括苍局于掌。
> 中年复走西钟山,焦饭十日支霜盘;

道逢采药授云餐，帝子欲为歌路难。
匡庐老僧亦下拜，鸡足道人分沆瀣。
磨头豆核石泉茶，夜中日出啸沧海。
听君言下何萧然？引人攀岭扣青天。
所探幽奇既如此，岂有人岳当君怜？
东鲁仲尼去千岁，西羌大禹死何在？
书生抱膝空咿唔，即化乔松安足赖！

诗后有陈仁锡、文震孟、项煜、郑鄤等人的题跋。这几个人的关系非常有趣，陈仁锡是天启二年壬戌（一六二二）科的探花，文震孟是该科的状元，郑鄤与黄道周都是该科的进士，而项煜则是次科天启五年的进士。曾任天启朝宰辅的文震孟，是文徵明的曾孙，与江阴徐家是世交，也是黄道周与徐霞客的好友，他的题跋说："霞客生平无他事，无他嗜，日遑遑游行天下名山。自五岳之外，若匡庐、罗浮、峨眉、崟岭，足迹殆遍。真古今第一奇人也！"明确指出，徐霞客除了旅行，不干别的事，也没有其他嗜好，整天栖栖惶惶，足迹遍布名山大川，实在是古今第一奇人。

说徐霞客是特立独行的旅行家，如何突出他在历史文化上的独特性呢？我想了一个词，是徐霞客

"用脚思想"。说他用脚思想,其实一点都不夸张,因为他的思想讲究验证,与实证科学的逻辑脉络相近,是和他"行万里路"的经历有关。陈函辉写的墓志铭说:"霞客不喜谶纬术数家言。游踪既遍天下,于星辰经络、地气萦回,咸得其分合渊源所自。云昔人志星官舆地,多以承袭附会。即江河二经,山脉三条,自纪载来,俱囿于中国一方,未测浩衍,遂欲为昆仑海外之游。"明白指出,徐霞客不喜欢无法验证的说法,拒绝相信谶纬方术的迷信传统,难怪三百多年后受到胡适、丁文江等人的推崇,被誉为阐扬科学思想的伟大地理学家。

徐霞客实证思想的来源,就是一双走遍千山万水的脚,不管山高路远,不顾艰难险阻,不畏风霜雨露,不怕毒蛇猛兽,一路向前。徐霞客策划西南远游的时候,曾写信给陈继儒,说出他的毕生志愿,就是要用自己的一双脚掌,拼死探知中国山川大地的地理真相。他说,"尝恨上无以穷天文之杳渺,下无以研性命之深微,中无以砥世俗之纷沓,惟此高深之间,可以目摭而足析"。徐霞客思考自己的生命意义,排除了对宇宙奥秘的玄想、对心性精微的探索、对世俗红尘的纷杂诱惑,定位在"目摭而足析",就是张大游历者的眼睛,用脚来分析思想。

徐霞客用脚思想，与古代大多数知识人不同，却也并不违背中国文化传统。《中庸》就说，"君子之道，譬如行远必自迩，譬如登高必自卑"。徐霞客能够行远登高，可算是儒者的最高典范。

《古文观止》导读

古文不古　万古常新

黄坤尧

曾任香港中文大学中文系教授，现为香港中文大学联合书院资深导师

一、古文与白话

古文，泛指古代的文字。中国文字的书写以方块字为主，称为汉字。古代的汉字有甲骨文、金文、简帛、隶书、篆书、楷书、行书、草书等各种字体，一些古老的字体如甲、金、简帛等，很多现代的专家学者都能大致辨认出来。汉代以后楷书流通最广，到今天还是全民日用的字体。五十年代以后汉字虽有繁、简之分，但只是两套并存的书写形式，所谓繁简由之，基本上并不影响沟通和表达。而汉字更是全世界现存最古老的有生命力而又鲜活的文字，连联合国都在使用。欧洲的拉丁文相对来说就显得古老陌生，流通不广了。

古文亦指古典的文章，或指古代文体，又称为文言文。中国古文的历史跟汉字一样，源远流长。可以说，有甲骨文的时候，就有了古文；在甲骨文以前，口说流传，后来记录下来的，也是古文。韩愈文起八代之衰，反对骈文束缚思想，窒碍性灵；主张恢复周秦两汉的古典文风，自由书写，畅所欲言，具有文艺复兴的意义，同时亦有普及教育的意味，因此引起了一代文风的改革，由骈入散，解放文体，这样的局面一直维持到清末民初，而这也是文言文最辉煌的历史。中国的古籍文献，例如《文苑英华》《四库全书》等，几乎全部用文言写成；甚至朝鲜、日本、越南等国历代相传的文献，也使用汉字载体及文言书写的系统，以此保存文化，并视为珍宝。

古文跟现代的白话文相对，又称文言文。晚清政府为了救亡，开发民智，面对时代的呼唤，推广国语，提倡白话文。光绪二十四年（一八九八）《无锡白话报》创刊，之后杭州、绍兴、苏州、宁波、上海、安徽、广东、西藏、伊犁、潮州、北京、内蒙古等地的白话报如雨后春笋般涌现。一九一九年五四运动以后，白话文盛行，文言文黯然失色，也就渐渐退出历史舞台了。现在白话文当道，但在个别小众的圈子里，文言文还有很大的活动空间，而且以一种有内涵、有品位而又高雅的方式存在。此外，随着网络书写的流行，现代人喜欢"我手写我口"，导致口语横流，更因为科技发展及新鲜事物的出现，涌现了大量新创的"潮语"。或许我们可以这样看，一旦"潮语"主导了新闻媒体及书写领域，白话文可能很快也会汇入文言文的系统，成为新一代的"古文"。没有哪种新文体是永远年轻的，但古文却能够万古长青。

为什么说古文可以万古长青呢？古文也曾年轻过，随着年代的层层累积，就像树干的年轮不断加密一样，焉能不古？古文本身就是一个庞大复杂的载体，运用"吸星大法"，鲸吞天下，兼包并蓄，无所不容；然后经过集体的吸收和消化，再通过历代作者的反哺锻炼，渐渐定型为一种稳定规范的文体，更变得易学易用了。此外，除了食古而化之外，古文也不断地汲取当代的新词语、新句法、新观念、新思维。"新视野中华经典文库"《古文观止》所选的文章，每一篇都深具创意，各有个性，否则陈陈相因，读者早就闷透了，又怎能流传久远，弦歌不绝呢？从《左传》第一篇《郑伯克段于鄢》开始，里面就有很多精彩的对话，例如"多行不义必自毙"一句，虽是公元前七二二年的口语记录，距今二千七百多年了，听来还是亲切明白，虎虎有生气。其他如"肉食者鄙，未能远谋"、"一鼓作气，再而衰，三而竭"、"一之为甚，其可再乎"、"辅车相依，唇亡齿寒"、"背城借一"、"乐而不淫"等，都出于《左传》，现代人读来也没有什么隔阂。由此看来，将来的"古文"仍会不断吸收现代汉语的词语和句法，以及外语翻译等，融为己用，变幻多姿，自然可以万古长青了。

假如说口语是我们的母语，也就是第一语言，那么古文就是我们的第二语言了。第一语言是不学而能的，只要在相应的环境中生活，就不难掌握；而第二语言就得通过学习掌握，例如学好英语要多读多听多讲多写，而学习古文更为简单，古文跟我们有文化上的血缘关系，通过阅读就可以写出简明通顺的文言文。读者不妨做一个小实验，每星期读一两篇"新视野中华经典文库"《古文观止》所选的篇章，全书不过四十六篇古文，多读几次，弄懂字词句法，明白文章大义，那么一年之后，文言文写作自然就会条理清通，而白话文亦得心应手，愈见精进了。至于思维深度、意象芳华、感情意境，那就得看个人的造化和努力的维度了。进一步来说，当代的"潮语"可以说是第一语言，而白话文就跟文言文一样，可能都是第二语言，我们写文章不可能全依口语直录，否则绝无文采可言，有必要通过学习来提炼和修饰。孔子曰："言之无文，行而不远。"（《左传·襄公二十五年》）其实好的白话文还得从文言文中汲取养分，从而传神写意，挥洒自如，将来我们说不定还会回到文言文的母体之中，或文白兼融，或文白由之。但那是后话了，由于古今语言的质变，现在两者之间还是有所区别的，不必混为一谈。

二、清代《古文观止》的出版

吴楚材(一六五五——一七一一?)、吴调侯选编的《古文观止》,与蘅塘退士(孙洙,一七一一——一七七八)选编的《唐诗三百首》一样,流传广泛,历久不衰,可以说是诗文选集中的双璧,发蒙养正,易于诵读,初学写作,尤为实用。所谓"熟读唐诗三百首,不会作诗也会吟",文章之道,与此相通。读者如果能够精读四五十篇,领略语感,掌握行文技巧,自然也可以驭文有术。

《古文观止》初刻于康熙三十四年(一六九五),五月端阳日吴兴祚(一六三二——一六九八)撰《序》,称赞此书:"以此正蒙养而裨后学,厥功岂浅鲜哉!"又云:"二子才器过人,下笔洒洒数千言无懈漫,盖其得力于古者深矣。"足见此书的功效,除了选录名篇精品,考订声音点画之外,编者二人更是汲古功深,善于把握运笔技巧。其后康熙三十七年仲冬浙江文富堂刊本,有二吴合撰的《自序》及吴乘权的《例言》,却没有吴兴祚的《序》文。二吴《自序》末段云:

> 山居寂寥,日点一艺以课子弟,而非敢以

此问世也。间有好事者,有所许可辄手录数则以去,乡先生见之者必曰:"诸选之美者毕集,其缺者无不备,而讹者无不正,是集古文之成者也,观止矣!宜付之剞劂,以公之于世。"余两人默然相视良久曰:"唯唯,勿敢当,勿敢当。诚若先生言,抑亦何敢自私?"退而辑平日之所课业者若干首,付诸梓人,以请政于海内君子云。康熙戊寅仲冬山阴吴乘权(楚材)、吴大职(调侯)氏题于尺木堂。

二吴似未及见吴兴祚的《序》,否则何以删除不录?此外二吴似亦未及见康熙三十四年的初刻本,到了康熙三十七年可能也只有稿本而已,而文富堂本可能就是"付诸梓人"的始刻本了。其后《古文观止》一纸风行,版本亦多,但一般都只录吴兴祚《序》,却没有采用二吴的《自序》,究竟原因何在?或许是吴兴祚官大,名气也大,而二吴只是没有多少人认识的教书先生,说来可能也令人泄气了。《古文观止》集各选本之大成,分量适中,同时也是两位教书先生平日课业的教材,二人精思抉奥,故有"观止"之叹。《古文观止》三百年来霑溉后学,到现在还是合用的,可是二吴的生平却比较简略,所知无多了。

吴楚材，名乘权，字子舆，号楚材，山阴州山（浙江绍兴市）人。幼受家教，勤奋好学。十六岁（一六七〇）时患足疾，一病数年，仍手不释卷。疾愈，学问大进。康熙十七年（一六七八）在福州辅助伯父吴兴祚之子学习古文；其后在家设馆授徒，曾多次应考，屡试不中。除了与侄儿吴调侯合编《古文观止》十二卷之外，康熙五十年又与周之炯、周之灿编纂《纲鉴易知录》一〇七卷（其中包括《明鉴易知录》十五卷），亦是国史入门的普及读本，流传广泛。吴兴祚《序》云："岁戊午，奉天子命抚八闽，会稽章子、习子，以古文课余子于三山之凌云处。维时从子楚材，实左右之。楚材天性孝友，潜心力学，工举业，尤好读经史，于寻常讲贯之外，别有会心。与从孙调侯，日以古学相砥砺。调侯奇伟倜傥，敦尚气谊。本其家学，每思继序前人而光大之。二子才器过人，下笔洒洒数千言无懈漫，盖其得力于古者深矣。"兼写他们叔侄二人学力深厚，具有编纂《古文观止》的良好基础，足以指导后学。

至于吴大职，字调侯，是吴楚材的侄儿、吴兴祚的侄孙，生平资料传世更少。二吴虽工于举业，指导学生，可是自己却未能考中，功名无望，只能寄意于典籍之中，从事编写教材的工作，最后终以《古文观止》《纲鉴易知录》二书知名于后世。至于《古文观止》的初刻问题，目前尚有疑点，有待深究。

三、新视野《古文观止》

三百年来《古文观止》流传久远，版本众多，选本、注本更不胜枚举，网上资料也很普遍，珠玉在前，实在也没有太多的表现空间。不过为了配合新时代的阅读需要，有必要精选篇章，重新加以注释及语译，希望每篇作品都能展示现代的视野，带出新观点、新思维，衡文审美，古为今用，以期有益于世道人心。除了鉴赏名家作品，同时亦可用作中学生学习古文的入门参考书。此外，更希望大家认识文言文的写作技巧，或试笔练习，进而拓展语文的使用空间，深化白话文的思绪神韵，悟识渊微，提升意境。

《古文观止》原书十二卷，选录古文二百二十二篇；"新视野中华经典文库"《古文观止》选录四十六篇，约占原书四分之一，都是名作中的名作。

《古文观止》所选作品，计有《左传》三十四篇，韩愈二十四篇，苏轼十七篇，司马迁及《史记》十五篇，《国策》十四篇，欧阳修十三篇，《国语》、柳宗元各十一篇，《檀弓》六篇，苏洵、王安石各四篇，《公羊传》、陶渊明、苏辙、王守仁各三篇；其他作者各仅得一二篇而已。可见所谓古文，以周秦古籍为主，唐宋八大家作品次之；其中尤以《左传》最多，共占两卷，自是千古文章的典范。卷十二选明代古文十八篇，而不选南宋、金元及清代的作品，反映编者的衡文观点，重古轻今。唯入选作品多属公认的古典名篇，佳作琳琅，长短适中，采掇英华，精彩动人，自然易于为大家所接受。

"新视野中华经典文库"《古文观止》选录《左传》九篇、周秦文十篇、汉唐文十三篇、宋明文十四篇，合共四十六篇。《左传》载录春秋列国的史实，具有广阔的国际视野，观点鲜明，议论深刻，重视理性精神，反映人性的复杂，跟我们现实社会还是息息相关的，实乃千古常新，令人难以割爱。周秦、汉晋、唐宋各代文章各有精彩表现，只能尝鼎一脔而已。明代文只选四篇，表现时代的风神，亦足以跟古代的名家争胜，限于篇幅，有些无奈。当然，如果不以《古文观止》的作品为限，大家重新选编及评鉴历代文章，可能就不一定是这样的格局了。不过大同小异，很多名篇还是会出现的，只是互有取舍而已。如果真能精读这四十六篇作品，认识文章写作的入门之道，必有进境。

"新视野中华经典文库"《古文观止》所选作品，以古文为主，其他如《滕王阁序》乃骈文作品，对仗工整，流丽华美；而《秋声赋》《前赤壁赋》《后赤壁赋》属于赋体作品，音韵铿锵，意象高远。此外《读孟尝君传》则是极短篇的作品，全文只有四句，起承转合，干脆利落，论断精辟，显出力度，三言两语就把问题说清楚了，就像诗中的绝句一样，难度极高，值得读者注意。

四、新视野《古文观止》的题材分类

《古文观止》内容丰富，牵涉很多不同的复杂话题，其中最古老的《左传》《国语》，距今二千五百年左右，而最近的明代作品，亦已达四百年以上了。但很多作品都有超越时空的生命力，可以跟现代接轨，跟我们对话。"新视野中华经典文库"《古文观止》大概可以分为君道、论战、劝谏、外交应对、史论、史传、德性修养、臣道孝道与师说、抒情写意、名楼与园林、寓言、文艺理论十二项主题。

（一）君道：在《郑伯克段于鄢》中，郑庄公工于心计，明知弟弟共叔段要夺权，搞叛变，更不断地扩充势力，也要让他一步步跌入预设的陷阱之中，认为对方"多行不义必自毙"，动了杀机；然后又怪责母亲偏帮弟弟，把她放逐，后来幡然觉悟，又把她从大隧之中接了出来，母子和好如初。从这两件事来看，郑庄公最后虽然也能流露出孝思，但心胸狭窄，缺乏国君的度量，史书评论郑伯"讥失教也，谓之郑志"，明显是严词谴责了。至于《公子重耳对秦客》，重耳在流亡途中听到父亲晋献公逝世的消息，哭出了真情，而且巧妙地回避了秦穆公"时亦不可失也"的建议，不谈私事，不肯借此机会谋夺君位，因此连秦国人也赞他"仁夫公子重耳"。重耳与郑庄公相较，高下立判。

（二）论战：在《曹刿论战》中，曹刿认真考察战场的形势变化，提出"一鼓作气，再而衰，三而竭"的战略，打击敌方的士气，出奇制胜。至于《子鱼论战》，子鱼则主张在楚军尚未完全渡河之际出兵袭击敌人，其后又请求在敌人阵势未成列之时进军，可是宋襄公自称仁义之师，不肯答应，错失了良机，甚至提出"君子不重伤，不禽二毛"的泥古之论，善待敌人，其实就是虐杀自己的军队，终于大败而回，连自己也受了伤。曹刿、子鱼的战术运用均因地制宜，可惜遇上的国君不同，结果也就一胜一负了。

（三）劝谏：《宫之奇谏假道》与《虞师晋师灭夏阳》说的同是假虞伐虢、唇亡齿寒的故事。前者是宫之奇向虞公分析晋人不可信赖，不应为贪图小利而牺牲邻国，自取灭亡；后者则通过荀息和晋献公的对话来析论虞公的性格，荀息认为虞公一定会为了礼物，不听宫之奇的劝谏，并且直言"且夫玩好在耳目之前，而患在一国之后，此中知以上乃能虑之，臣料虞君中知以下也"，可见虞公为人愚不可及，人所共知，最后害人害己，至死不悟。而宫之奇面对这位昏君，只能提早率领家族逃亡到曹国去了。《召公谏厉王止谤》中，召公提出了"防民之口，甚于防川"的警告，希望厉王尊重民意，但暴君又怎么会听到人民的声音呢？最后还是被人民赶走了。以上两则都讲不肯听信忠言的下场。《邹忌讽齐王纳谏》由邹忌照镜爱美,希望听到妻妾及友人的赞美,结果一见到城北徐公,即大愧不如远甚,因而悟出世间赞美很多都是谎言;于是以这个故事劝说齐威王,奖励人民讲真话,结果齐国大治,诸国来朝,原来吏治清明比使用武力更能得到邻国的认同。《触詟说赵太后》写赵太后不肯派遣幼子长安君去齐国当人质,甚至声明拒谏;触詟入朝跟她闲话家常,希望为少子谋求一份差事,如此从关心子女着眼,谈到培育子女不能过于溺爱的问题,从而打动了这位母亲,令她答应放手让孩子走出去,学习成长。以上二文充满戏剧性情节,语言幽默,生动有趣,并表现出不同的游说技巧。

(四)外交应对:《烛之武退秦师》中,烛之武挑起秦国和晋国的利益冲突,希望保留郑国做缓冲地带,对秦国自然有利无害,其中"邻之厚,君之薄也"一句,一语中的。《王孙满对楚子》则责以大义,指楚庄王不能窥伺国家神器,所谓"在德不在鼎"者,表示周朝仍然得到民心的支持。《齐国佐不辱命》一文中,齐国佐宾媚人跟晋国谈判,拒绝晋国不合理的要求,义正词严,最后更表明如不得已只能"背城借一",拼死一战,除了以武力保家卫国,更要维护国家的尊严。宾媚人在处于下风时仍能说出道理,该文自是一篇精彩的外交辞令。王世贞《蔺相如完璧归赵论》,批评蔺相如外交手法过于拙劣,容易得罪秦国,更予人出兵的借口;最后得以成功,只能说是天意,"天固曲全之哉",有些侥幸了。

(五)史论:李斯《谏逐客书》、贾谊《过秦论上》及苏辙《六国论》,专论秦国的兴衰及跟六国的关系。李斯反对秦国驱逐六国的人才,建议应善用人才,以史为鉴,成就霸业。所谓"夫物不产于秦,可宝者多;士不产于秦,而愿忠者众",消除偏狭的民族及地域观念,天下一家,有容乃大,尤能发人深省。贾谊探讨秦国由秦孝公变法崛起,经历长期的艰苦经营,及至秦始皇统一天下,威权达于顶峰,却又迅即覆灭的原因,在于倒行逆施,迷信强权和诈术,以致民心尽失,实乃自我摧毁。本文最有意思的是在末段将陈涉抗秦的武装力量,跟六国的整体国力、人才做比较,发现二者根本不成比例,前者却又不费吹灰之力就把巨人推倒了,因而得出了"仁义不施,而攻守之势异也"的结论,令人信服。苏辙认为六国的整体力量加起来比秦国大得多,不应该输掉这场战争的,因而推论当时六国之士"虑患之疏,而见利之浅,且不知天下之势也";其实六国只是一个很松散的组织,有时采用合纵政策,联合抗秦,只是为势所逼,大家各有盘算,根本就不具备长期合作的条件;苏辙以韩、魏做前线,齐、楚、燕、赵"四国休息于内,以阴助其急",即做后方的支援,相信只能短期奏效而已。最后唇亡齿寒,看来六国的覆灭跟假虞伐虢的故事有点相似。

(六)史传:《伯夷列传》中,伯夷批评武王伐纣,反对以暴易暴的政权更迭方式,最后以不食周粟表明立场,坚持个人的志节,"求仁得仁,又何怨乎"?司马迁借题发挥,流露抑郁不平之气,说出很多名不见经传的志士仁人的心声。《货殖列传序》纠正传统重农轻商的观念,刻意为商人立传,指出商人对国家社会的贡献,也是一篇深具史识意义的杰作。《释秘演诗集序》写的是北宋的一位和尚诗人,也是欧阳修心中"隐于浮屠"的奇男子,可惜他不遇于时,只能老病以终。《读孟尝君传》是对历史的深刻反思,王安石并不认同孟尝君"得士"的观点,末尾只轻轻地点出一句"夫鸡鸣狗盗之出其门,此士之所以不至也",可见"士"不等同于"鸡鸣狗盗"之徒,其实也呼吁社会要珍惜人才,跟欧阳修的观点更有冥合之处。《徐文长传》写的是一位奇才的悲剧,徐渭(文长)多才多艺,在诗文、书画、戏曲方面都有很高的造诣,甚至精于谋略,在抗倭战斗中屡建奇功,可惜困于科场,仕途不济,只能远引而去;晚年精神失常,杀妻入狱,我行我素,也就无法融入现实的社会了。史传五篇刻画各式的人才,带出不同的观点。

(七)德性修养:《介之推不言禄》中,介之推批评现实社会"下义其罪,上赏其奸;上下相蒙,难与处矣",因而有遁世之意,难得连母亲也认同介之推的价值观念,"与女偕隐",自是天下贤母的典型。《叔向贺贫》认为当政者累积财富并不可恃,修德才能庇荫子孙后代,"不忧德之不建,而患货之不足",将是灭亡的先兆。《曾子易箦》写曾子临死前都要换上适合自己身份的床垫,所谓"君子之爱人也以德,细人之爱人也以姑息",言教身教,至死不渝。这几篇都是妙文,表明人要坚持原则和操守,没有任何妥协余地。

(八)臣道、孝道与师道:《前出师表》中,作者为国效忠,叮咛告诫,希望光复汉室,没有半点私心。《陈情表》中，作者感念祖母抚育之恩，希望照顾老人，所谓"臣无祖母，无以至今日；祖母无臣，无以终余年"，坦然指出自己的困境所在，因而婉拒出仕，徐图后报。《泷冈阡表》记录父母的嘉言懿行，弘扬家教，自是有益于世道人心。《师说》提出不同的教学理念，强调终身学习；同时更认为老师和学生永远处于相对互动的关系中，只要努力，相信学生也有机会超越老师。

（九）抒情写意：《卜居》写于作者人生最低迷的时候，他面对一个价值观混乱、是非颠倒的世界，提出了一连串的疑问，"此孰吉孰凶？何去何从？"看来永远都无法解答了。《桃花源记》描绘了一个理想世界，大家过着简单质朴的生活，"乃不知有汉，无论魏晋！"看来更不受政治干扰了。《五柳先生传》中，作者向往自然的生活，充分刻画内心渴望，跟《桃花源记》互为表里。《醉翁亭记》中，作者与民同乐，"醉翁之意不在酒，在乎山水之间也"，追求山水之外更为广阔的人文世界。《秋声赋》众声交响，作者百感交陈，将流动的心绪化为生命的乐章，最后回复澄明自在，摆脱哀伤。《前赤壁赋》中，作者将渺小的自我与无穷的浩宇融为一体，天人合一，意境壮阔。《后赤壁赋》距写作前赋才三个月，而国家在对西夏的战役中却遭遇了重大的挫折，"曾日月之几何，而江山不可复识矣！"苏轼独自摸黑登山，划然长啸，气氛诡异，抒发了悲愤激动的情绪；其后托意于梦境之中，化为孤鹤，高飞远引，显出超越自由的意趣。

（十）名楼与园林：《滕王阁序》描绘秀丽风光，摇曳多姿，江山人物，撑起了大唐盛世，"落霞与孤鹜齐飞，秋水共长天一色"二句，更是千古佳制。《岳阳楼记》揭示了"先天下之忧而忧，后天下之乐而乐"的主旨，表现出无私奉献的精神，更是政府官员的典范。《阅江楼记》写于明朝肇建之初，"今则南北一家，视为安流，无所事乎战争矣"，期望寻求长治久安之道，善颂善祷。过去阅江楼只是空中楼阁，纸上烟云，直至二〇〇一年落成之后，矗立于南京长江边上的狮子山巅，很快就跻身江南四大名楼之列。《书洛阳名园记后》著录北宋官员及名流府第十九处，所谓"洛阳之盛衰，天下治乱之候也"，可以借此反映天下兴衰和社会发展的方向。

（十一）寓言：《杂说四》以马为喻，"世有伯乐，然后有千里马。千里马常有,而伯乐不常有",呼吁社会珍惜人才,更强调伯乐的重要性。在《祭鳄鱼文》中,韩愈以刺史的身份,奉天子之命来到潮州,守土安民,因此要驱赶鳄鱼远离民居。中唐以后藩镇割据,违抗中央政府,本文更似一篇讨贼的檄文,宣示主权,义正词严。《捕蛇者说》跟孔子的"苛政猛于虎"主旨相似,带出"孰知赋敛之毒,有甚是蛇者乎"的主题,抨击现实,发人深省。《种树郭橐驼传》借种树专业户之口,提出"能顺木之天以致其性焉尔"的经验之谈,由此说明要顺其自然,关怀民生。《卖柑者言》"金玉其外,败絮其中"之说形象鲜明,掷地有声,柑子烂了是小事,而国家、社会病了才是大问题啊!不过更严重的,是大家都选择麻木,不肯发声,就更为可怕了。

(十二)文艺理论:《季札观周乐》中,季札在观看演出之后,发出"观止矣"之叹,誉为盛观。《宋玉对楚王问》明确指出阳春白雪的曲调,"其曲弥高,其和弥寡",都是不同凡响之作。"新视野中华经典文库"《古文观止》选录精品中的精品,希望也能带出相同的理念,指出向上一路,提升阅读的精神境界。

此书正文全依《古文观止》中华书局一九五九年版，同时参考其他不同的版本及古籍原文加以校订，改正若干字句，并清楚交代其中的情况。注释力求简洁明白，而语译则讲求准确流畅。而且上下二三千年之间，人物辈出，我们都尽量注明生卒年份，作为时代的定位，可供对照参考。至于地理区域，则全部依据当前的行政区划，注出准确的县市名称。典章制度方面，古今的差异较大，只能简单叙述，点到即止，以免烦琐。至于读音方面，为了方便不同地区的读者需要，我们兼注粤音及普通话读音。古文源远流长，个别的字词往往会有异读出现，也就是传统的读书音，跟现代普通话的审音不尽相同，我们随文注出，读者可以自行选择，不喜欢旧读的，可依《新华字典》选读今音。中国幅员广大，南北语音差异太大，《古文观止》原书所注的直音，以汉字注汉字，只能反映清初江浙一带的官话读音，现在读起来不见得准确。其他不足之处尚多，期望读者诸君不吝匡正。

蒙学类

为学者必有初

《三字经·百家姓·千字文》导读

区志坚

香港树仁大学历史学系助理教授、教学研究及支援中心副主任

一、引言

自古以来,中西方甚注意幼儿教育,中国早有妇孺蒙养教育的传统,[①]素来重视儿童教育及编写儿童教育的教材。早于殷周时代,已为贵族子弟设立小学。春秋战国时,因为官学瓦解,私学兴起,民间已渐渐出现童蒙教育机构。汉代罢黜百家,独尊儒术,更重视童蒙教育,设立"书馆",任教者称为"书师"。而早于《周易·蒙卦》中曾载有:"蒙以养正,圣功也",十分重视"养正于蒙",圣人立教要义在于培育儿童有良好的德育。前人除了注意幼儿教育外,也注意妇女教育,培养妇德,寓识字于道德教育之中,很多知识分子也编著供妇孺学习

[①] 有关中外学者注意幼儿教育的研究成果,可见谢锡金《香港幼儿口语发展》(香港:香港大学出版社,二〇〇六年),页三 — 一二;Clay M.H., *Change Over time in Children' Literacy Development* (Auckland: Heinemann, 2001), pp.15–39;Andrew F. Jones, *Development Fairy Tales: Evolutionary Thinking and Modern Chinese Culture* (Cambridge, Mass.: Harvard University Press, 2011), pp.16–25; Lascarides & Hinitz, *History of Early Childhood Education* (N.Y.: Falmer Press, 2000)。有关中国传统蒙学的发展及其对幼儿教育的影响,见熊秉真《童年忆往》(桂林:广西师范大学出版社,二〇〇八年),页一三九 — 一五九;张志公《传统语文教育初探(附蒙学书目稿)》(上海:上海教育出版社,一九六二年),页三 — 一八;刘咏聪《中国古代育儿》(台北:商务印书馆,一九九八年)。

的读物，如《史籀》篇、《仓颉》篇、《急就》篇，又依《易经·蒙卦》所言的"匪我童蒙，童蒙求我"一语，编写了各种以"蒙求"为名的读本，如《纯正蒙求》《文字蒙求》等；也有不以"蒙求"为名所编的教材，如《三字经》《百家姓》《千字文》《女四书》等。

谈及中国传统的教育，不可不注意中国传统童蒙教育，童蒙教育的意思正如《三字经》所言："为学者，必有初"，就是指学子求学，必先注意基础教育。《三字经》针对的教学对象，就是小朋友。由此可见，编撰《三字经》的知识分子早已注意到儿童教育的重要性。今天的香港，不少国际学校小学部也会教导《三字经》，而新加坡华文课外读物理事会也推荐《三字经》为学生读物。《三字经》自宋代刊行后，成为一种传播知识的重要文体，历代相承，至明代有吹万老人编撰的《佛教三字经》，杨文会（一八三七——一九一一）于光绪三十二年（一九〇六）对此书做重大修改，并易名为《佛教初学课本》。道光年间，西方传教士或教徒撰写的传教刊物《训女三字经》及《新增三字经》也值得注意。于咸丰及同治年间，有太平天国于癸好三年（一八五三）镌刻《三字经》,光绪十一年(一八八五)余海亭释译《天方三字经》,清末文人齐会辰也编《历史三字经》,袁凤鸣编写《药用三字经》,贺瑞麟(一八二四—一八九三)编《新版女儿三字经》,清末民初卢湘父(一八六八—一九七〇)编《童蒙三字书》,陈子褒(一八六二—一九二二)编《改良妇孺三四五字书》,一九九五年广东教育出版社也编撰《新三字经》,乃至二十一世纪的香港,也有创作人黎文卓编写《新版香港三字经精解》。

另一方面,以三字书写的文体自中国传往日本。例如日本江户后期,儒者大桥养彦于嘉永五年(一八五二)初次出版《本朝三字经》,当中叙述了日本从神武天皇开始至丰臣秀吉,即江户时代之前的日本历代政治家、军事家的得失及历代文化名人的功绩,借昔日故事进行童蒙教学。① 由此可见,自宋至今,《三字经》和三字经书写文体,一直在流传。究竟《三字经》有哪些特色?为什么今天的幼

---

① 大桥养彦:《本朝三字经》,此文原为中文,载谭建川《日本文化传承的历史透视——明治前启蒙教材研究》(北京:商务印书馆,二〇一〇年),页三二九—三三一。有关《三字经》及童蒙读本以三字为体裁的发展,见区志坚《怎样教导妇孺知识?卢湘父编撰的早期澳门启蒙教材》,载澳门理工学院编辑委员会编《辛亥百年与澳门国际学术研讨会论文集》(澳门:澳门理工学院出版社,二〇一二年),页四〇七—四一〇。

儿教育仍要教导《三字经》？若以《三字经》为传统读物，则传统幼儿教育的特色，与中华民族教育走向"中国式现代性"有何关系？本文的目的，就是阐述《三字经》的特色，及其在近现代社会的重要性。

现当代从事儿童教育研究的学者如陈鹤琴（一八九二——一九八二），于一九四一年出版的《我的半生》中，回忆儿时在乡间受学的教材，除了《三字经》以外，还有《百家姓》《千字文》等传统童蒙读物，这些读物对他甚有启发。① 另一位儿童教育学者陶行知（一八九一——一九四六）也认为《百家姓》《千字文》《三字经》均对童蒙教育甚为重要。陶氏更于一九二三年编订了《平民千字课》及《老少通千字课》。②

日本方面，早于明治初年，河村贞山便按《千字文》的体例，编成《皇朝千字文》，可

---

① 陈鹤琴：《我的半生》（香港：山边社，一九九〇年），页四八—五〇。
② 陶行知：《请看〈三字经〉之流行——给朱经农先生的信》（一九二四年一月三日），载《陶行知全集》（四川：四川教育出版社，一九九一年），第八卷，页五二—五三；参《平民千字课》（一九二三）、《老少通千字课》（原刊一九三五年上海商务印书馆），此二书收入《陶行知全集》，第五卷，页五—二——，页二九一—四三八。

见《千字文》的体裁对日本启蒙教育的影响。在现代，研究文献学的专家来新夏（一九二三 — 二〇一四）指出，《千字文》约成书于南梁武帝大同年间（五三五 — 五四六），日后更有多本补编及改编本，如宋代曾出版《续千字文》，明代周履靖（一五四九 — 一六四〇）撰写《广易千字文》，还有满汉对照本及蒙汉对照本的《千字文》。

《百家姓》连缀成四字句，共一百一十句。北宋末大诗人陆游（一一二五 — 一二一〇）在他的诗注中把《百家姓》定为杂字类的"村书"，以今天的用语，"村书"就是民间通俗的识字读物。可见《百家姓》应为宋代的识字书。[①] 由于《百家姓》《千字文》及《三字经》在中国传统社会甚为流行，成为童蒙教育的必读书，故合称为"三、百、千"。在二十一世纪的今天，不少出版社把"三、百、千"予以重新排版和编刊，可见《百家姓》《千字文》及《三字经》在今天的社会仍有生命力。此外，有不少国际学校及海外的孔子学院也把《百家姓》《千字文》及《三字经》作为教导非华语学生

---

① 来新夏：《书文化九讲》（太原：山西出版传媒集团，二〇一二年），页九三 — 一〇四。

学习普通话及基础汉语的教材。新加坡出版的《绘画本三字经》《绘画本百家姓》《绘画本千字文》更成为小学及基础教育读本，有力地推动了当地的华文教育。

"三、百、千"在二十一世纪，成为童蒙教学的重要材料，甚至今天香港人的集体回忆中，仍能忆起一首童谣："一二三，红绿灯，过马路，要小心。"可知以"三字"为书写文体，自宋至今，相沿不改。

中国幼儿教材多教导童蒙识字。中国传统蒙馆多会在短时间内教导学生识字。依现有资料得知，先秦两汉时，已注重少年及儿童识字教育及句读培训。《礼记·学记》曾说：

> 古之教者，家有塾，党有庠，术有序，国有学。比年入学，中年考校。一年视离经辨志，三年视敬业乐群，五年视博习亲师，七年视论学取友，谓之小成。九年知类通达，强立而不反，谓之大成。①

---

① 王文锦译解：《学记》，载《礼记译解》（北京：中华书局，二〇〇一年），卷十八，下册，页五一五。

《汉书·艺文志》也说:

> 古者八岁入小学,故周官保氏掌养国子,教之六书,谓象形、象事、象意、象声、转注、假借,造字之本也。汉兴,萧何草律,亦著其法曰:"太史试学童,能讽书九千字以上,乃得为史。又以六体试之,课最者以为尚书、御史、史书、令史。吏民上书,字或不正,辄举劾。"①

列入"小学"类目下的,多是教幼儿识字的课本。相传周宣王(?—前七八二)命太史作《史籀》十五篇,秦又有《八体六技》,这些文献均成为周及秦时童蒙的教材。汉代时,《仓颉》《凡将》《急就》《元尚》《训纂》《别字》等篇,均为教导童蒙识字的教材。汉人入学,首学书法,教导者为尚书兰台令史。编著《汉书》的班固(三二—九二)因为汉人甚重视书法,指出"吏民上书,字或不正,辄举劾",从事基础教育,教导童蒙书法,"六体者:古文、奇字、篆书、隶书、缪篆、虫书,皆所以通知

---

① 顾实:《汉书艺文志讲疏》(台北:台湾商务印书馆,一九八〇年),页八三—九四。

古今文字,摹印章,书幡信也"。自魏晋南北朝及隋唐,中国蒙学有了很大的拓展,[①]既有上承昔日的识字教育,在《急就》篇的基础上,编撰《千字文》,也有编刊《女论语》及《太公家教》等。唐代渐渐出现了结合识字、知识及道德教化的蒙学教材。宋代更在唐代的基础上大为开拓,上承《千字文》,补充了《三字经》《百家姓》,确定了"三、百、千"为自中古至今童蒙识字教育的重要典籍,再加上新的教材,并加入理学思想及道德教育知识,如编刊《蒙求》等。及至宋元二代,"三、百、千"在体例上进一步开拓,如编刊《小儿语》《弟子规》《幼学》《增广贤文》《历代蒙求》。清代又有知识分子编刊《地球韵言》《时务蒙求》《历史三字经》《药用三字经》《女儿经》《千家诗》《唐诗三百首》《五言千家诗》《释教三字经》《史鉴节要便读》等童蒙读物。明代理学家吕坤(一五三六——一六一八)曾说:"初入社学八岁以下者,先读《三字经》以习见闻,读《百家姓》以俟日用,读《千字文》以明义理。"[②]可

---

① 有关中国蒙学的发展,见张志公《传统语文教育初探(附蒙学书目稿)》一书。

② 未见吕坤原文,转载自吴宇清主编《蒙学新读》(南京:江苏教育出版社,二〇一一年),页四—七。

见时人对"三、百、千"的重视，既肯定其作为儿童教材的重要性，也说明运用"三、百、千"教材的先后次序。

北京中华书局曾于二〇一三年至二〇一五年间出版《中华蒙学经典》，当中包括《三字经》《百家姓》《千字文》《弟子规》《声律启蒙》《笠翁对韵》《神童诗》《续神童诗》《千家诗》《蒙求》《龙文鞭影》《幼学琼林》《童蒙须知》《名贤集》《童子礼》《家诫要言》《小儿语》《续小儿语》《增广贤文》《格言联璧》《急就篇》等。以上童蒙读物不单是中国今天小学的重要语文教材，甚至是不少海外华语教学课程的汉语课本，可见中华传统童蒙教材与二十一世纪的教学甚有关系。[①] 研究中外儿童读物及书籍史的专家学者，如张志公（一九一八 — 一九九七）、陶行知、钱文忠、熊秉真、来新夏、陈鹤琴、黎锦晖、刘咏聪等，均认为自宋元二代至今天，不少机构编刊了很多童蒙教材，然而，编写内容和规划多在"三、百、千"的基础上加以拓展，"三、百、千"仍是"童蒙最基本读物"。[②]

[①] 参王鑫《重回民国上学堂》（武汉：湖北人民出版社，二〇一三年），页四一七。

[②] 来新夏：《书文化九讲》，页一〇四。

一八九九年在上海唐山路创办的澄衷蒙学堂，其后由蔡元培（一八六八—一九四〇）出任校长，学堂教员刘树屏（一八五七—一九一七）编刊《澄衷蒙学堂字课图说》作为中国语文的教材，此书也是按《千字文》的书写内容，附以现当代知识及图说。① 近现代中国知识分子在幼儿时多受教于传统私塾，然后进入国内外高等院校，他们在儿童时期学习的课本，也是"三、百、千"。古人教学童，必先识字，《三字经》约一千三百多字，《千字文》为一千字左右，《百家姓》为五百多字，合共约二千七百多字，正合于古人教童子识字的数目。此三书又刚好涵盖日常生活及自然现象知识，也是学童应该学习的内容，在此知识基础上，进一步学习写作及研读经籍。此三书自古代至今一直沿用，与二十一世纪儿童及幼儿教育接上轨道，二〇一二年五月六日，河南省沈丘县就曾发起"全球华人同书《千字文》活动"②。

"三、百、千"是昔日知识分子的重要知识资

---

① 刘树屏：《澄衷蒙学堂字课图说》（北京：北京理工大学出版社，二〇一四年，影印光绪二十七年，即一九〇一年刊本），页二。

② 释广元：《千字文之缘起及书写经过》，载《佛艺缘》（新北：中华文史馆，二〇一六年），页八二—八三。

源，甚至影响他们的成长。[1]在"三、百、千"之中，最早成书的是《千字文》，但排刊次序为最后，诚如文献及目录学专家来新夏指出："是由于《三字经》文义浅显，《百家姓》字量较少，所以使《千字文》的覆盖面相对较小，不过它仍不失为一本好的识字课本。"[2]下文依"三、百、千"出版次序，先介绍《千字文》，再介绍《三字经》，最后引介《百家姓》的内容。《千字文》《百家姓》比较注意单字及个别姓氏的介绍，多为识字教育；而《三字经》较前二书，更注意幼儿道德教育及识字教育的结合，故分析《三字经》的内容较前二者更为详尽。

---

[1] 熊秉真:《童年忆往》，页一三三——一八八。二〇一五年香港历史博物馆内乃开设介绍香港童蒙教育的展览厅，厅内置有一位私塾教师及幼童，再现了塾师为幼童举行开学礼的情景，教师口中所念，就是《三字经》的内容。香港著名的清末民初士绅翁仕朝，其藏书书目也列《三字经》《千字文》《百家姓》的名字，可见此三书成为香港地方乡间教材，见李光雄《现当代村儒社会职能的变化——翁仕朝（一八七四至一九四四）个案研究》（香港：香港中文大学历史系哲学博士论文，一九九六年，未刊稿）；王尔敏、吴伦霓霞《儒学世俗化及其对于民间风教之浸濡——香港处士翁仕朝生平志行》，《"中央研究院"现当代史研究所集刊》，十八期（一九八九年），页七五——九四。

[2] 来新夏:《书文化九讲》，页九九。

二、《千字文》

(一)《千字文》的作者及流播

研究清末民初儿童及妇女教育的学者陈子褒,在一八九九年发表了《论训蒙宜先解字》一文,认为:"教初学童子自七岁至十岁者曰训蒙。蒙也者,谓蒙昧不明,借先生教训之以开其蒙而使之不复蒙也。"他指出教导学童了解经籍,先要学习文字的结构及字义;① 而古代教导儿童学习文字,塾师多先教导《千字文》一书。《千字文》从南北朝刊行至清末,一直流行不绝,笔者手上也有两本,分别是二〇〇八年由益群书店出版的《正见千字文》,以及于二〇一五年由江苏凤凰少年儿童出版社出版的彩图注音版,列为"国学经典教育"系列读本的《千字文》。不少研究指出《千字文》的作者有南朝知识分子周兴嗣(四六九 — 五二一),也有与周氏同时的萧子范,但萧氏之书在制作后,尚未有多人知悉,并早于唐时已经亡佚,现今流行的《千字文》,就是

---

① 陈子褒:《论训蒙宜先解字》,参区朗若、冼玉清、陈德芸编校《陈子褒教育遗议》(桂林:广西师范大学出版社,二〇一二年),页七。

周氏所编的《千字文》。①

周兴嗣，字思纂，南梁陈郡项人，先祖曾任汉太子的老师，家学渊源甚深。兴嗣以文学扬名于世，深得梁武帝（萧衍，四六四 — 五四九）称赏，官拜员外散骑侍郎，主要编修历史。《千字文》原是奉梁武帝旨令而撰写，因为梁武帝为了教皇室子弟学习书法，便在书法大师王羲之（三〇三 — 三六一）的遗墨书迹中拓出一千个不重复的文字，但没有系统整理，故周氏用此一千字编成一篇韵文。全书以"天地玄黄，宇宙洪荒"为首，先为幼童介绍天文地理等自然环境及现象，然后介绍历史文化及日常人伦的道理，以及典章制度等。《千字文》具有教导学童识字、学书法、学习伦理思想的功能。隋代后，《千字文》更广为流播，南朝陈末至隋初，王羲之的七世孙智永和尚曾亲摹《千字文》八百册，成为中国书法的瑰宝。《千字文》的书写模式影响着汉字文化圈，如日本及韩国。在中国方面，有《梵语千字文》《重续千字文》《训蒙千字文》《日清韩三国千字文》《蒙学准绳五千字课读本》《皇朝千字文》，甚至

---

① 李慕如：《幼儿语文教学研究——幼儿文学》（高雄：高雄复文图书出版社，一九九九年），页一四三—一四四。

有满汉对照本及蒙汉对照本的《千字文》等，均在周兴嗣编撰的《千字文》基础上进一步发展。

（二）《千字文》的特色

周兴嗣《千字文》一书词意明显，文字流畅，音节自然，方便幼童背诵。以下简介《千字文》的特色。

其一，《千字文》包含幼童日常生活接触到的自然事物的知识。研究幼儿识字教育的学者指出，教育者以四周环境及日常生活为教材教育儿童，既能增强幼儿的表达能力，也能增强儿童对文字的记忆力。更重要的是，幼儿多缺乏安全感及自信，若以幼儿及儿童熟识的环境为教材，可使儿童较有自信地表述所学习的文字，甚至学习书写，令他们较易获得成功感，进而能提高儿童学习的兴趣。[1]《千字文》从自然环境取材，如首句"天地玄黄，宇宙洪荒。日月盈昃，辰宿列张"，表述天地的颜色，月亮圆缺，满天星辰排列的次序；又如"寒来暑往，秋收冬藏"及"云腾致雨，露结为霜"，表述人们自幼

---

[1] 季秀珍：《儿童阅读治疗》（南京：江苏教育出版社，二〇一一年），页四六—七五。

至长所接触到的大自然现象。此外,《千字文》亦记录了不少日常生活的事物,如"果珍李柰,菜重芥姜。海咸河淡,鳞潜羽翔",这些都是幼儿可能接触到的事物。

其二,《千字文》包含了地理及历史文化知识,如"龙师火帝,鸟官人皇。始制文字,乃服衣裳。推位让国,有虞陶唐。吊民伐罪,周发殷汤",表述了远古、上古时代的历史文化和传说。又如"九州禹迹,百郡秦并。岳宗泰岱,禅主云亭。雁门紫塞,鸡田赤城。昆池碣石,巨野洞庭。旷远绵邈,岩岫杳冥",传播了中国的地理知识。

其三,《千字文》传播不少道德伦理知识,如"女慕贞洁,男效才良。知过必改,得能莫忘。罔谈彼短,靡恃己长。信使可复,器欲难量",主要述及女子应当守贞洁,男子应以德才兼具的人为仿效对象;又指出人们一生难免犯错,但只要知错能改就可以。又如"资父事君,曰严与敬。孝当竭力,忠则尽命",指出事奉父母、长辈及君主,必须恭敬及谨慎,在行为上也要表现出忠、孝的态度,并且要竭尽全力。

其四,《千字文》的文字浅白,幼童容易理解且朗朗上口。研究指出,幼儿学习语文多是口说单字,若教材能朗朗上口，可加深幼儿对教材的记忆，帮助学习。①《千字文》全文是四字一句，以两句一对的方式排列，把原本看来没有关联的文字变成有意思的韵文。此外，如"天地玄黄，宇宙洪荒。日月盈昃，辰宿列张"至"罔谈彼短，靡恃己长。信使可复，器欲难量。墨悲丝染，《诗》赞羔羊"，押的是平声七阳韵，音调谐和，容易背诵。

周兴嗣的《千字文》奠下教导童子识字的框架，日后，不少体例也在周氏《千字文》的基础上进一步延伸。如日本明治初年河村贞山编《皇明千字文》，其部分内容为："日本纪元，辛酉作源。奕坚继统，剑玺爱尊。鸟羽驭字，纲维渐荐"②；其后，又有明治三十三年（一九〇〇）荒浪平治郎编《日清韩三国千字文》，书中列有中日韩三国文字，其汉文部分内容有："盖自大极肇判，阴阳始分，五行相生，先有理气，人物之生，林林总总，于是圣人首出，继天立极。天皇氏，地皇氏，人皇氏，有巢氏，燧

---

① 谢锡金:《香港幼儿口语发展》，页三——一二；Clay M.H., *Change Over time in Children' Literacy Development*, pp.15–39。

② 河村贞山编:《皇明千字文》(原文为中文)，转载自谭建川《日本文化传承的历史透视——明治前启蒙教材研究》，页三三三——三三五。

人氏，为大古，在书契以前，不可考"[1]；晚清也有一本《蒙学准绳五千字课图说读本》，其部分内容为："人生之初，赋畀为先。受形成性，肢体兼全。百骸五官，头颅面臂。人生之初，百骨五官，唇吻颈肩，耳目腹胃。"均受《千字文》书写模式的影响。

三、《三字经》

不少学者，如钱文忠、来新夏及张志公均认为《三字经》是南宋目录学家王应麟（一二二三—一二九六）编著的，而历代略有增补，或按此书的"三字"书写体例，表述新时代的内容。

王氏，字伯厚，号深宁居士，庆元府（今浙江宁波鄞州区）人，自幼勤奋好学，九岁已通六经，于淳祐元年（一二四一）荣登进士，长于经史考据、天文地理、掌故制度等，在中国古代而言，应可列入"博物"学者。及后升至礼部尚书兼给事中，为南宋理宗所重用。宝祐四年（一二五六），王氏奉诏

---

[1] 荒浪平治郎：《日清韩三国千字文》，收入张美兰主编《日本明治时期汉语教科书汇刊》，页七四—七七。

主持殿试，贾似道专权，王氏多次批评，多不屈己顺从。因为王氏学问渊博及道德情操甚高，故他编的《三字经》甚受时人欢迎，更被称为"千古第一奇书"。王氏除了编《三字经》以外，更编著《蒙训》《补注急就篇》《小学讽咏》等，可见王氏推动童蒙教育的努力。

<u>《三字经》以"人之初，性本善"为起首，再分为三纲五常、五谷六畜、七情、四书五经、先秦诸子、历代史事，最后说明为学的重要及方法，不少句子更成为今天的格言金句。</u>《三字经》的编者虽然没有今天系统论述教育心理学的观点，但不能否定他已具有今天教育心理学中提倡朋辈影响学习论、家庭影响学习论、家庭与学校协作论等观点的初貌。概括而言，《三字经》全书以幼儿道德教育为基础，并谈及古籍经典、中国历史、学习先贤立学的言行为榜样。以下细看《三字经》的特色：

（一）《三字经》的特色

其一，童蒙读本主要是能让儿童识字时朗朗上口，《三字经》以三字为书写格式，既便于让儿童诵读，又易于记忆。儿童心理成长教育研究指出，幼儿的听力及视力较早发展，而押韵的作品，作为儿童早期接触的中国语文教材,不仅可增强儿童的口语运用能力,递进常识,还可以借口诵心记,潜移默化。语文教化能深入孩童的心智,让知识渗入学童的生活,从而变化气质,陶冶品德。《三字经》全书共三百八十句,每句三字,基本上是两句一韵,如"养不教,父之过,教不严,师之惰",依《广韵》即押"过"韵,声调铿锵,口诵三字,既不过简,也不太长,使幼童容易明白,幼儿口诵多了,能够心领神会。①

其二,《三字经》以日常生活教育为切入点,注意在实践中教学。民国时的陶行知在《儿童科学丛书编辑原则》一文中,提出编辑儿童教材应该以"儿童生活为中心"。② 现代幼儿教育学者也指出,幼儿教育的原则是为幼儿提供真实的经验,在生活中实践所学,又使儿童在经验事物后留下深刻的印象。③ 虽然《三字经》的编者未必全以"儿童生

---

① 李慕如:《幼儿语文教学研究——幼儿文学》,页一三七—一三八。

② 陶行知:《儿童科学丛书编辑原则》,载李楚材编《陶行知和儿童文学》(台北:少年儿童出版社,一九九〇年),页二一二;参区志坚《社会科学的"儿童"历史教学法及观点:三十年代商务出版〈小学校高级复兴教科书历史教学法〉》,《香港中国现当代史学会会刊》,十四期(二〇一四年),页三六—五八。

③ 张峻嘉:《地理环境与生态》,见李丽日主编《社会学习领域概论》(台北:五南图书出版股份有限公司,二〇一二年),页一五一三八;参周淑惠《幼儿教材教法——统整性课程取向》(台北:心理出版社,二〇〇三年),页四一—四二。

活为中心"为编写方向,甚至它是以成人视觉为中心,用儒家思想教导学童,但也不能全然认定《三字经》忽略了以"儿童生活为中心"的编写策略。例如《三字经》有"性相近,习相远""昔孟母,择邻处""子不学,非所宜,幼不学,老何为"等句,这些针对的都是儿童求学的心智发展。盖儿童成长的历程,往往容易受到外来环境及朋辈的影响,由是强调儿童教育的重要性,助其建立一套道德价值、定下求学心志,对儿童心智发展甚为重要。又如"一而十,十而百,百而千,千而万""三才者,天地人,三光者,日月星""曰春夏,曰秋冬,此四时,运不穷""曰南北,曰西东,此四方,应乎中"等句,均以幼童的生活环境、日月星辰、四时自然景象作为教学材料,从日常生活中取材,方便儿童记忆。又依心理学者指出,幼儿学习数字,由简单的一、二、三、四开始,由个位数字至十位数字,再由十位数字扩至百位及千位数字,《三字经》有"一而十,十而百,百而千,千而万"之句,正正实践了儿童学习由个位开始,向外扩充及延伸学习数学的逻辑发展与思维训练。①

---

① John B. Best〔黄秀瑄译〕:《认知心理学》(台北:心理出版社,二〇〇九年),页四〇三—一四二九。

此外，研究中外儿童认知教育的学者，尤重视儿童由认字、读字再延伸至读句，以及探求文字背后的意义这一过程。教育学者强调教导学童应先从实事实物学习知识，再进一步教导他们抽象分析。① 《三字经》有"凡训蒙，须讲究，详训诂，明句读""为学者，必有初，小学终，至四书"，强调塾师教学，先教导学生了解中国文字的造字方法，学习及明白中国经典文献的注解方法，并学习字义及断句。当了解全篇文字的字义、断句后，自可明白全篇文章的意思。此外，《三字经》的编者在教学时，强调先教学生学习"小学"，也就是学习文字构造的知识，再学习《大学》《中庸》《论语》《孟子》此"四书"的知识。今天得知"四书"乃属于中国传统经学及哲学知识范畴，其实，在古代而言，均是日常人伦及人事应对的基础知识。"曰仁义，礼智信，此五常，不容紊"之句，也先从日常生活取材，教导学童掌握文字基础知识，从家庭扩至社会价值，故学习经学知识能掌握古代社会典章礼仪规范，继而学习义理及诠释。多谈形而上学的先秦诸子学说，是从实学及日常伦理知识上建立

---

① 周淑惠：《幼儿教材教法——统整性课程取向》，页六九—七三。

批判思考,这样在巩固基础知识后才学习批判,不至空疏。所以《三字经》又说"经既明,方读子",明白经、子义理后,可以教导学生掌握日常社会及国家情势中"变"的道理。若教导幼童只知"变",而不知道德价值,这样儿童成长后往往随波逐流,没有自己的价值判断;若只教幼童知道道德价值,而不求变通,以应对变化多端的社会,这样便会使幼童不明因时制宜的道理。故《三字经》说"经子通,读诸史",因鉴过去时代社会的变迁,人事纷争,自然知所进退。诚知,《三字经》主要从成年人的角度,把儒家思想灌输给幼儿,[①]但也不能否定《三字经》的内容乃按儿童智力发展而循序渐进地施教。

刚谈及《三字经》内有不少内容是以"儿童生活为中心"的编撰方向,书中也注意从幼儿的家庭生活撷取素材编撰教材。现代教育既强调幼儿从生活环境学习,也强调家庭教育与亲师合作(Families, Professionals and Exceptionality)的重要性,尤重视通过家庭教育培养幼儿道德价值。其中又以父母积

---

① 有关中国传统教育,多从成年人观点形塑儿童形象,见Andrew F. Jones, *Development Fairy Tales: Evolutionary Thinking and Modern Chinese Culture*, pp.23–46。

极参与儿童教育,与学校教育相配合,为灌输知识及改良儿童行为的重要教学策略。① 有不少从事幼儿园教学研究的学者指出,幼儿园是家庭教育的延伸,使幼童生活在一个互动的团体中,有机会去解决生活中遇到的问题,学习举止得体,是故幼儿园教育配合家庭教育,能达到为幼童建立道德教育及知识教育并重的教学目标。② 在《三字经》中早已说"养不教,父之过,教不严,师之惰","昔孟母,择邻处,子不学,断机杼",肯定幼儿教育应从父母开始,对父母师长提出"教"和"严"的要求,也强调家庭教育的重要性。

父母为幼童的第一任老师,家庭教育成为儿童学习的重要起步。不少人批判《三字经》传播儒家文化知识,甚至认为《三字经》是"落后"和"保守"的知识,其实他们不明白中国传统教育乃启导自家庭,强调血缘关系,强调由个人修身,与家人相处,达至齐家,继续向外扩充,不独成就自己,

---

① Ann Turnbull and Rud Turnbull〔王慧婷等译〕:《亲师合作与家庭支援:由信任与伙伴关系创造双赢》(台北:华腾文化股份有限公司,二〇一三年),页8.1—8.10;林正文:《儿童行为观察与辅导——行为治疗的辅导取向》(台北:五南图书出版公司,一九九八年),页五二三—五三六。

② 周淑惠:《幼儿教材教法——统整性课程取向》,页三三—四〇。

也成就他人,成就国家及天下,所谓"修身、齐家、治国、平天下"的教育观点。①

另外,幼儿会以高度的兴趣及热情去接触四周的环境事物,家庭四周的景物及经验成为孩童的知识资源,如"自子孙,至玄曾,乃九族,人之伦",在家庭内由父母及长辈教导人伦秩序,以及与家中各人相处的态度。若能使幼童学习孝悌知识,自能孝顺父母,友爱兄弟,以谦和态度待人,和睦宗族;由亲族向外交往,自可与他人相敬、相助、相爱,又可以互相谦让;朋友之间,各人以德待人,便可以使社会安稳,长幼有序,实践了国家及社会和谐,故又有"父子恩,夫妇从,兄则友,弟则恭。长幼序,友与朋,君则敬,臣则忠,此十义,人所同",由在家庭对父母及长辈示孝敬,在家中个人修德开始,由个人修身达至齐家,扩至治国及平天下,成己也成物。②

---

① 有关中国传统教育重视由个人修身,向外延伸至齐家、治国、平天下的特色,见唐君毅《中国文化之精神》(桂林:广西师范大学出版社,二〇〇五年),"第九章 中国人间世界——日常生活社会政治与教育及讲学之精神",页一七九 — 二一二。

② 吕妙芬:《孝治天下:〈孝经〉与近世中国的政治与文化》(台北:"中央研究院"、联经出版事业股份有限公司,二〇一一年),页二〇 — 三四。

有些学者认为"父子恩，夫妇从，兄则友，弟则恭。长幼序，友与朋，君则敬，臣则忠"是要求幼儿及臣子对父母、长辈及君主的盲目依从。而实际上，"父子恩，夫妇从"乃是强调父与子的恩德，夫与妇的相敬。父施爱予儿子，儿子也向父亲示孝；夫以爱敬待妻子，妻子才顺从。父子及夫妇之间，有心存爱敬的关系。加之《三字经》在此章之前已说："曰仁义，礼智信，此五常，不容紊。"也就是已受学的父亲，当然具有"仁义礼智信"的善行，自然以礼相待妻儿，故家中各成员的相处，也是互相礼敬；由家庭扩至国家而言，"君则敬，臣则忠"也是强调君主先以礼敬臣子，臣子才示以"忠"，君臣之间也以礼相待，故不可说《三字经》教导的是一种盲目依从君父的教育观点。

　　除了重视家庭教育外，《三字经》既以幼儿身边接触的物件为教材，也注意取人们的感情及感觉为教材，希望塾师多注意幼童的感情世界，教导学生善用五官感受生活。[①] 待儿童的道德及价值判断渐渐建立后，进而教导四书及经史知识。其实，《三字

---

① 郑依霖：《从感觉学作文》（台北：萤火虫出版社，二〇一〇年），页一一七。

经》强调儿童从四周环境学习的方法,乃相通于今天的儿童教育,强调以"情感"教学,及用手接触、用耳听到、用鼻闻到、用眼看到的"感观"教学法,因为幼儿心智发展,对四周景物有好奇心,自然会将对四周的观察及接触物作为学习知识的资源。《三字经》早已注意这种教学方法了。

其三,不能否定《三字经》表述的主要内容乃是以儒家教育思想为中心,注意个人道德修养的培育。[①]近现代从事教育研究的学者,虽然对于"人性本善"及"人性本恶"的观点,尚未有一致的看法,但多认为无论是要维持"性善",或要透过教导知识改"性恶"为"性善",均是强调儿童教育及基础教学的重要。[②]也有不少研究指出儿童阶段须接受道德教育及学习礼教后,乃至青年时期,父母及长辈也加强这两方面的教导,使儿童自幼至青年时期,均熏陶在道德教育之下。《三字经》首先肯定人性是"善",就是文中所言"人之初,性本善",其为"恶",主要是"性相近,习相远"。即各人在孩童时

---

① 陈来:《蒙学与世俗儒家伦理》,载袁行霈主编《国学:多学科的视角》(北京:北京大学出版社,二〇〇七年),页九四——二九。

② Thomas Lickona & Matthew Davidson〔刘慈惠等译〕:《品学兼优标杆学校》(台北:心理出版社,二〇一三年),页九——五。

均为"性善",只是因为没有接受教育,及后天学习不同,或受环境的熏陶,故"性乃迁"。《三字经》最后一章写道:"幼而学,壮而行,上致君,下泽民。扬名声,显父母,光于前,裕于后。"人们在孩童阶段学习知识,更在成长路途上不断实行,引证所学,这样便可以光宗耀祖。在此不难看出编者仍以成人观点形塑学童求学的目的是"上致君,下泽民。扬名声,显父母,光于前,裕于后"。但也可见编者强调幼儿教育为人们一生成长打下基础的重要性。

其四,《三字经》谈及的很多幼儿教学方法均对当代幼儿教育甚有启发。

(1)《三字经》首章已说幼儿求学专注的重要:"教之道,贵以专"。不少研究成果也指出,虽然替学童定立"我的志愿",其长大后未必可以达成幼年所立的志愿,但因为每人均有自我期许的心理,这有助坚定求学者的心志,[①] 故"贵以专"一方面可以提醒学生定立心志及专心实践,一方面既教导学生自幼培养专心致志,建立一生求学的态度,又可以使其借求学培养良好的习惯,建立人生终身学习的目

---

① James Reed Campbell〔吴道愉译〕:《教出资优孩子的秘诀》(台北:心理出版社,二〇〇〇年),页六六—九九。

标，此又相通于今天教学上多强调"终身学习"的观点。①

（2）幼童从经典中求学，并待巩固基础知识后进而博学。因为有基础知识及从经典作品中吸收知识，幼童便能自我建立一套价值标准，并在这基础知识上扩阔知识；反之，基础知识不足，只求广泛阅读，终未能判别知识的真误。被奉为经典的作品必然蕴藏着持久不变的道理，影响百代，多阅读经典，自能培养更佳的批判思考及能辨是非的能力。②

（3）讲故事教学法。今天从事研究儿童文学及儿童说故事与教育关系的人士，均指出讲故事（storytelling）有助培养家庭亲子关系，扩阔幼童思维空间及记忆能力，又可培养幼儿的聆听及学习字词的能力。若由专业说故事教研人员（storyteller）引导，幼童可以进行角色扮演（role play），由幼童演说故事，这样可以培养演说能力、语言表达能力

---

① 有关"终身学习"的观点，见林丽惠《先进国家推展终身学习实践学习社会的经验与策略》，载成人及终身教育学会主编《终身学习与学习社会》（台北：师大书苑有限公司，二〇一〇年），页一四一一一五六。

② 有关阅读经典对幼儿心志发展的重要，见廖卓成《儿童文学——批评导论》（台北：五南图书出版股份有限公司，二〇一一年），页六六—九九。

及加强记忆能力。[①]《三字经》内有很多历史人物刻苦求学的故事，如"唐刘晏，方七岁，举神童，作正字。彼虽幼，身已仕，尔幼学，勉而致。有为者，亦若是"，又如"苏老泉，二十七，始发愤，读书籍。彼既老，犹悔迟，尔小生，宜早思"，勉励学童应珍惜年少时光，发奋努力，立志求学。

（4）幼儿教育不独是要求学童空谈立志，也强调实践志向的重要性。[②]《三字经》早已说明"人不学，不知义"，"为人子，方少时，亲师友，习礼仪。香九龄，能温席，孝于亲，所当执"，强调幼儿既要学习孝悌仁义的道理，也要如前人般能实践孝道。

另一方面，《三字经》的教学内容与今天幼儿教育的观点比较，也有需要优化的地方。《三字经》言"勤有功，戏无益"，但今天不少学者已指出幼童游戏与学习知识有互动关系，戏剧表演游戏（dramatic play）与社会剧式游戏（sociodramatic play）有助学

[①] 汪培珽：《喂故事书长大的孩子》（台北：时报出版社，二〇一三年），页二五—五二；参 Renni Browne & Dave King〔尹萍译〕《故事造型师》（台北：云梦千里文化创意事业有限公司，二〇一四年），页二五一—二七二。

[②] Edgar Klugman, Sara Smilansky〔桂冠前瞻教育丛书编译组译〕：《儿童游戏与学习》（台北：桂冠图书股份有限公司，一九九九年），页六三—八四。

习，可以借游戏进行教育。①《三字经》谈及"经子通，读诸史"的学习方法，教师向幼儿教导"四书五经"的内容，是否只是要求学生先背诵，待成长后才理解文义？这些经典文化怎样配合今天的电子科技绘图及视像进行教化？"教不严，师之惰"之句只是强调严教儿童，是否已足够？怎样有效执行"严"教呢？以上问题，均有助进一步思考《三字经》在今天教育上的意义。

(二)《三字经》的体裁对后世的影响

《三字经》的书写体裁影响着现代的儿童教育。在汉字文化圈下，东亚各国一方面既运用《三字经》为童蒙读物，一方面也按《三字经》书写体裁撰写教材。日本江户时代的儒者大桥养彦曾编撰《本朝三字经》，此书约于嘉永五年（一八五二）出版，其内容为：

> 我日本，一称和。地膏腴，生嘉禾。人勇敢，长干戈。衣食足，货财多。……慎厥终，

---

① James Reed Campbell〔吴道愉译〕:《教出资优孩子的秘诀》，页二九—三一。

无不康。胜衰理,人事彰。读之者,冀勿忘。①

中国自"三字"书写体裁出现,后世相沿不绝,至明代有吹万老人原著《释教三字经》,其内容为:

> 无始终,无内外,强立名,为法界。法界性,即法身,因不觉,号无明。空色观,情器分,……随分说,如风过,万籁歇,非有言,非无言,会此意,是真诠。②

太平天国政权管治江南时期,也编《三字经》,其内容为:

> 皇上帝,造天地,造山海,万物备。六日间,尽造成,人宰物,得光荣。七日拜,报天恩,普天下,把心虔。……皇上帝,眼恢恢,欲享福,炼正来。③

---

① 大桥养彦:《本朝三字经》,转载自谭建川《日本文化传承的历史透视——明治前启蒙教材研究》,页三二九——三三一。
② 参考吹万老人原著〔敏修长老初注,印光大师增订,梯仁山编述〕:《释教三字经》(台北:世桦印刷企业有限公司,一九九〇年)一书。
③ 《三字经》,页一三六——一三八。

一八八二年又有署名马典娘娘编撰《训女三字经》，其内容为：

> 凡小女，入学堂，每日读，就有用。女不学，非所宜，幼不学，老何为。……我劝尔，恳求神，今后世，福无尽。①

另一本清中叶刊行的《新增三字经》，其内容为：

> 化天地，造万有，及造人，真神主。无不在，无不知，无不能，无不理。……有恒心，常畏神，至于死，福无量。②

一八八五年还有西蜀余海亭释译的《天方三字经》，其内容为：

> 天地初，万物始，有至尊，曰真主。统乾元，运理气，今阳阴，化天地。奠山川，茁草木，定灾祥，章日月。腾鸟严，跃鱼鳞，万类备，乃送

---

① 参考马典娘娘《训女三字经》（光绪八年〔一八八二〕）一书。
② 参考《新增三字经》一书。

人。皋以智,赋以灵,故人为,万物精。①

一九〇〇年张宜明纂辑《三字鉴解注》,其内容有:

> 混沌开,乾坤奠。日月明,江山辨。五行生,万物变。盘古氏,出为君。……②

一九〇〇年有赵保静辑《增订蒙学三字经》,其内容为:

> 人之初,性相近,习相远,可为善。苟不教,性牿亡,……荷兰国,呼红毛,始行舟,万里遥。埠头广,掉尾难,德阴谋,利权贪。③

同年,王石鹏(一八七七——一九四二)也编著《台湾三字经》,其内容为:

---

① 参考西蜀余海亭释译《天方三字经》(光绪十一年〔一八八五〕)一书。
② 参考张宜明纂辑《三字鉴解注》(光绪二十六年〔一九〇〇〕)一书。
③ 参考赵保静辑《增订蒙学三字经》(光绪二十六年〔一九〇〇〕)一书。

北纬线，及东经，详位置，知其形。南北长，东西狭，……此全岛，叙分明。作地理，三字经，能孰读，非无益。智识开，宜游历。①

清末民初，康有为的弟子卢湘父也编有《童蒙三字经》，其内容为：

万物中，人最灵，学而知，教乃成。终乎圣，始乎士，圣者谁，曰孔子。孔夫子，大圣人，创儒教，教万民。居鲁国，今曲阜，彼达人，明德后。②

一九〇〇年，陈子褒编撰《爱国三字书》，其内容为：

我所住，系中国，地方阔，人又多。计人数，四万万，计地里，四千万。在古时，称天国，到而今，弱到极。……欲保国，欲保民，非我皇，总不可。③

---

① 参考王石鹏〔刘芳薇校释〕《台湾三字经》（台北：台湾古籍出版有限公司，二〇〇二年）一书。
② 参考卢湘父《童蒙三字书》，载《芦鞭卢氏族谱》，二十五卷。
③ 参考陈子褒编撰《爱国三字书》（光绪二十六年〔一九〇〇〕）一书。

一九一二年，陈子褒再编《共和适用妇孺三四五字书》，其中以三字书写的内容为：

> 早起身，下床去，先洒水，后扫地。开窗门，抹台椅，洗完面，入学堂。见先生，要叫声，坐书位，即读书。读熟书，又写字，……葡萄牙，取澳门，英吉利，开香港。法国占，广州湾，……我国民，要相亲，我亲你，你亲我。无论男，无论女，无论老，无论幼，要同心，要合力，一国人。①

清末知识分子齐会辰也编有《历史三字经》，其内容为：

> 凡训蒙，先说史，记年代，有条理。自羲农，至黄帝，号三皇，年不纪。唐有虞，号二帝，相揖让，真盛世。一零二，尧祚长，五十载，舜巡方。夏后禹，商成汤，……既知古，又知今，脑智开，黄种存。②

---

① 参考陈子褒编撰《共和适用妇孺三四五字书》（一九一二年）一书。

② 齐会辰:《历史三字经》，收入黎文卓《新版·香港三字经》（香港：次文化有限公司，一九九七年），页一一一——一一四。

至一九三七年抗日战争时,乃有王向宸编《抗日三字经》刊行,其内容为:

> 人之初,性忠坚,爱国家,出自然。国不保,家不安,卫祖国,务当先。……我军民,须自励,前者仆,后者继,抗到底,必胜利。①

当代的香港也有黎文卓编著《香港三字经精解》,其内容为:

> 口旱旱,食咳糖;有早知,冇乞儿;……淡淡定,有钱剩;声大大,冇货卖;唔想衰,埋大堆;失失慌,害街坊。②

可见,《三字经》创立的"三字"体裁,不独影响自古至今的中国,也影响至东亚汉字文化圈,甚至整个华文教育界。

---

① 王向宸:《抗日三字经》,未见原文,转引自章绍嗣《一部军民争相传颂的抗战教材——老向〈抗日三字经〉与武汉琐谈》,《抗战文化研究》,第三辑(二〇一〇年),页一四九——五九。
② 黎文卓:《香港三字经精解》,载于黎文卓《新版·香港三字经》,页九——七六。

四、《百家姓》

姓名为民族文化的重要组成部分,也是一个文化系统,研究姓名也能见中华民族血缘及地缘互动关系,以及中华民族在海内外流布的情况。自古至今,研究中国姓氏由来及发展,多以《百家姓》一书为基本材料,塾师也以此书为学童的基本教材,并在此书基础上继续延伸。《百家姓》全书以姓氏写成韵文,是方便幼童认识中国境内各族群的读本。不少学者指出,《百家姓》为宋朝两浙的一个知识分子编写,但没有详细姓名。为什么认为《百家姓》是创作于宋代?因为书中第一句是"赵钱孙李",第一个向读者表述的姓氏为"赵"姓,宋立国君主为赵姓,赵氏为国姓,不少学者认为作者尊国姓,奉赵姓为书中的第一姓氏,故《百家姓》是创作及出版于宋代。[①]其后明代也有《皇明百家姓》《百家姓新笺》,清初又有《御制百家姓》,而笔者也购有一本江苏凤凰少年儿童出版社于二〇一五年出版,列入国

---

① 甚多学者研究《百家姓》的编著者,本文主要参来新夏《书文化九讲》,页九七—九九;张志公《传统语文教育初探(附蒙学书目稿)》,页二二—二五。

学经典教育读本系列的《百家姓》，并依宋代的《百家姓》为注音及析义，可见宋代出版的《百家姓》影响至今。

《百家姓》全书共五百六十八字，包含单姓四百四十四个，复姓六十个，而最后一句为"百家姓终"四字，故有五百零四个姓氏，并非只是一百个姓氏。姓氏不只是古今社会人与人之间的称呼，也代表了个人身份认同、家族身份认同，也说明了家族的血缘关系。今天中国人及海外华侨多跟随父亲的姓氏（现时也有些家庭以母姓为子女的姓氏），显示父亲家族血缘的承传关系，故姓氏研究也具有遗传学的知识；甚至，有些地域以父系血缘为宗族或家族产业继承权的先决条件，姓名成为家族财产分配的重要考虑因素；很多地方的族谱，也是以父系姓氏来书写各宗族及家族成员。血缘与地缘因素结合，可见研究姓氏的发展，对了解地方宗族事务发展甚为重要。同时，若只以《百家姓》一书为教材，说明尚未能够善用此书，建议教师运用此书时，结合其他材料，如运用有关姓名学、移民历史、宗族文化史、伦理学、血缘学、谱牒学、人口学及社会学等各方面知识。阐述《百家姓》的要义，可以见到《百家姓》一书的重要。以下略述其特色。[1]

（一）姓氏的由来

人类发展之初，没有姓氏，随着人类的进化，生产及生活空间的发展，原始人族群内外交往的需要，族群一起运用的符号便出现了，这就是"姓"，而个体称号符号，便是日后所说的"名""字""号"。

姓氏主要是因应人们区分不同族群的需求而产生，在部落中有不同部族，不同部族成员具有不同姓氏。[2] 部族成员具有血缘及姻亲关系，再者，部族内的成员多生长在同一地域，由是形成一种独特的社会环境，也构成一个特殊的社会血缘关系。为了区分不同部族中不同的成员，不同符号便出现了，由是便出现了姓氏与名字。

另一方面，因为生活环境及文化改变，同一姓氏属下的族群也会流布其他地方，这样促成同一宗

---

[1] 本部分运用有关姓名学、移民历史、宗族文化史、伦理学、血缘学及社会学等各方面知识的研究，主要参潘光旦、罗香林、费孝通等学者的成果；尤多参陈意浓《中国人姓氏渊源分析和归类》（上海：上海三联书店，二〇一四年）以及何晓明《中国姓名史》（武汉：武汉大学出版社，二〇一二年）二书。

[2] 见陈意浓《中国人姓氏渊源分析和归类》，页六—八。

族,同一血缘,不同支派。华夏民族或本源自黄河一带,在上古原始人时代,多聚居在中国境内不同地域,就是今天考古学上所说中国境内多元文化源头的观点。各族群日后多往其他地方流迁,更有不少移居东南亚,而他们多奉同一姓氏为海内外同一宗族不同支派的共同祖先。举例而言,今天海内外甚多以李为姓氏的人物及宗族,如有香港李氏宗亲会,也有台湾李氏宗亲会、马来西亚李氏宗亲会。各国家及地域的李氏宗亲会,多奉道教始祖老子,即"李耳"为祖宗,此为同一姓氏不同支派、不同流裔成员,供奉同一宗族的神灵,并奉老子"李耳"为各国家及地域李氏宗族社团的开宗立族始祖。由此可见,同一姓氏可成为团结各宗族支裔及支派的力量。

今天常说"姓氏","姓"已见上述,那么"氏"又是怎样发展出来的?"氏"与子女一出生就有"姓"的情况不同。人类发展之初,出现一些为人熟知的族群,后来因应其特性而产生了称号,如"炎帝"称为神农氏,可能因为"炎帝"此人长于农业,后人以"神农氏"指称所属的家族和部族。如尧帝生于"陶"这个地方,其后封于"唐",故称为"陶唐氏"。

人类社会中，"姓"应是人在出生时已有的，"氏"则为人在社会上成名后才具有的，故"氏"是此人对社会、族群的贡献及与地位有关的象征符号。日后，因氏的社会意义渐渐大过姓，而且，社会人口不断增加，以社会名声及社会地位为氏的家族日渐普及，故出现了家族的后代以氏为姓的现象。由是出现了氏族社会，同时也出现了姓、氏并存，姓、氏混用，再发展至姓、氏合二为一。今天多合称"姓氏"的现况，也就是姓即氏、氏即姓的现象。

此外，远古时代，首先出现的是母系社会，婚姻情况为对偶形态，也就是一位女子和一个男子在一定时期内，各自从一群男子或一群女子中选择一位主夫或主妻，也有除了主夫或主妻以外的其他性关系，此时也是"姓"产生的时代。母系社会的姓，从母不从父，血统以母系为依归，也出现了民知其母、不知其父的现象，故华夏民族中的姓，多从"女"偏旁，如姒、姬、姜等。后来，由于男性取代女性的社会地位，故氏族部落进入父系社会，姓氏制度也由从母不从父，渐渐成为从父不从母，更带出了父系中的辈分排列问题、亲属姓名避讳课题，及已婚女子的姓氏问题。

（二）如何有效运用《百家姓》

了解姓氏的由来，不独是文字学的课题，也涉及社会、历史文化及伦理等各方面的课题。《百家姓》成为一本教导幼童了解自己身份，了解先祖由来，了解家族历史文化，扩至了解其他族群及族群本身历史文化的重要入门书籍。以下看看怎样更有效地运用《百家姓》一书，以教导幼儿姓氏的知识：

其一，《百家姓》内"女"偏旁的姓氏，如姒、姬、姜等，这些姓氏的族群与远古时代母系社会发展甚有关系。

其二，透过《百家姓》了解先秦时代多是单名，日后多为双名。先秦时代，华夏民族多取单名，如周公为姬旦，姜太公为吕尚。汉代之后，人口增加，单名易与他人混淆，而两字组名更方便表述命名者的心愿，故有孔安国、霍去病等姓名。

其三，运用《百家姓》表述部分家族的等级身份。上古及春秋时代，有没有姓氏，往往代表身份高低。古代对社会有贡献的，往往赐姓，封侯伯，如古代姬、姜、吕等，均是赐姓，而封地往往成为姓氏的主要来源，封地包括封国、封邑等，如黄、陈、魏、韩、蔡、吴、秦等等，均是来自封邑的名字。姓氏因要得天子命赐，诸侯也可以为下属命氏，由是姓名是身份的象征。至南北朝,门阀制度盛行,不同姓氏之间,也有高下身份之别。因为魏晋南北朝盛行九品中正制,选拔官员成为门阀世族的特权,民间也流行"上品无寒门,下品无世族"之风,门阀与"寒门"不通婚,不共席,由是不同姓氏之间,也有身份上高低贵贱之分,各姓分成"州姓""郡姓""县姓"不同等级,其时的王、谢、袁、萧四姓,均为高门大族的代表姓氏。

其四,运用《百家姓》表述部分家族的地域特色。[①]有些学者指出,汉语可分为七大方言区,为北方(华北、西北、西南、江淮)、吴、赣、湘、客家、闽、粤。北方方言区以李、王、张、刘等姓人数较多;吴方言区以王、张、陈、李四姓人数较多;赣、湘方言区以李姓为主;粤、闽、客家三个方言区,以陈姓为主。至于占第二位的氏族群,在粤方言区为梁姓,闽方言区为林姓,客家方言区为刘姓。

其五,运用《百家姓》表述先祖取家族中有名望的名为姓氏。如舜的后人陈胡公满的后代中,有些族群成员以陈为姓,有些以胡为姓,有些以满为姓。

其六,运用《百家姓》表述先祖取家族的官职

---

① 何晓明:《中国姓名史》,页二八—二九。

为姓。因为家族成员长期从事专门官职,由是后人多取此为姓,如司徒、司马、司空等。

其七,运用《百家姓》表述不少外族加入汉族社群时,取汉姓或同音的汉译姓,或由汉帝赐姓。如唐代,外族归顺唐朝后,多取李唐皇朝流行的李姓,又如信仰伊斯兰教的部族融入汉文化,多取汉族马姓及杨姓。

其八,运用《百家姓》表述复姓宗族故事。如介绍夏侯姓氏时,可以向幼童介绍夏侯氏本为西周后裔、被封于雍丘的东楼公,战国时传至杞简公后被楚国所灭,简公的弟弟佗奔走鲁国,鲁公认为佗为夏禹的后人,遂称为夏侯,佗的后人也以夏侯为姓。

其九,运用《百家姓》表述同姓宗族的名人故事,以策励幼童。儿童喜欢听故事,而历史人物的成功故事,既增加儿童学习的兴趣,也能使儿童向故事中的成功人物学习,为儿童树立优良的行为模范。[1] 如介绍诸葛姓氏时,可以介绍诸葛亮匡扶汉室的历史故事;介绍李姓时,可以介绍建立盛世"贞观之治"的唐太宗李世民治理天下的故事。

---

[1] James Reed Campbell〔吴道愉译〕:《教出资优孩子的秘诀》,页二九—三一;参王文秀、田秀兰、廖凤池《儿童辅导原理》(台北:心理出版社,一九九八年),页九五——一一〇。

五、结论

今天往往谈及中国文化与二十一世纪的世界有何联系？中国现代性怎样面对全球化的挑战？其实以上问题主要围绕着一个重要课题，就是中国文化与现代化的关系。在未讨论中国文化与现代社会的联系问题时，先要注意中国传统文化的特色何在，注意中华民族甚注重道德教化，素以文质彬彬著称于世。今天，处于二十一世纪的人们，仍可以阅读先秦时代的经籍，了解先贤的哲理，此乃汉字的力量。我们在儿童时期，乃至成长期间不断学习汉字，汉字成为我们与古人沟通的重要桥梁，而随着中华文化向海外流播，往往形成一个联系海内外的汉字文化圈，由是中国语文教育在二十一世纪，仍有重要影响力。按此上溯，究竟前人学习中国语文及展开文化教育用哪些教材？必然会发现古人常用的《千字文》《三字经》及《百家姓》，此三书成为古代塾师教导幼童的重要教材，甚至可以说是幼童自出生以来首先接触的课本。乃至今天，仍有不少汉语教学机构，在教导非华语学生（包括成年或未成年学生）时，也以此三书为教材，可见《千字文》《三字经》及《百家姓》虽然是在古代编刊，但在二十一世纪仍有很大的贡献及生命力。

此外,中国传统童蒙教育,除了儿童识字教育外,更重视道德、文化及历史基础知识的教育。"三、百、千"三书也具有识字及道德教育并重的功能,内容强调家中的父母、长辈及塾师应以日常生活、四周自然环境,及宗族和家族的伦理关系为素材,注意教导幼童从生活中建立自信心,又强调培训学童专心致志、坚持信念、努力求学的心志。在今天看来,"三、百、千"三书表述的教学内容,与今天教育界强调的社会教育、亲子教育、家庭与学校协作教育、终身教育、说故事教学、以学生为本及以儿童接触环境为本的教育等观点,甚有会通的地方。还有,让幼童天天朗读教材,必然可以训练其阅读课本及演说能力,加上聆听师长及同学的读音,可达到培养儿童"眼到、口到、心到"的学习能力。当然《三字经》中强调师长严教幼童,先背诵、后理解,又要求幼童学习四书、五经的内容,对儿童来说颇吃力,师长运用"三、百、千"为教材时,可以多按儿童不同的学习程度调节教学内容。今天我们仍见"三、百、千"的出版,可知"三、百、千"仍能切合二十一世纪国内外中文教育的要求,学童完成"三、百、千"课本的学习后,深信可以掌握中国文字、道德及历史文化的基础知识。我们若想进一步了解古人知识资源及学习课本的内容，也宜先阅读"三、百、千"。

六、编著说明

本书为"新视野中华经典文库"所收录的经典名著之一，合《三字经》《百家姓》《千字文》三书为一册，原文、注释及译文均以李逸安先生译注的《中华经典藏书：三字经·百家姓·千字文·弟子规》（北京：中华书局，二〇〇九年）为底本，而全书的导读、赏析与点评皆为笔者重新编写，冀能引领读者一同发现古代童蒙教材"三、百、千"的当代意义。

跋

为读者开启通往传统经典的大门

二十一世纪是中国踏上"文艺复兴"的新时代,中华文明再次展露了兴盛的端倪。饶宗颐教授曾这样说过:"二十一世纪是重新整理古籍和有选择地重拾传统道德与文化的时代",作为一家出版机构,该如何理解中国传统文化的新发展与新出路?对于中国传统文化的出版与阅读,又该为当今读者提供什么样的新体验呢?

二〇一二年,恰逢中华书局创局一百周年,为纪念百年华诞,同时也为了更好发挥中华书局(香港)有限公司的优势和特点,我们决定在坚守"弘扬中华文化"的创局宗旨基础上,从更具时代特点、更广阔的文化视野出发,邀请大陆及港澳台知名学者,运用新思维、新形式,选编一套面向当代大众读者尤其是青年读者的中华传统经典丛书。

这一构想提出来后,得到了饶宗颐教授及其他一些学术大家的充分认可。我们迅速筹建了以饶宗颐先生为名誉主编,由李焯芬、陈万雄、陈耀南、陈鼓应、单周尧、郑培凯诸教授组成的丛书编委会,经过认真论证,最终确定丛书名为"新视野中华经典文库",全套丛书共计五十分册,收入五十五种经典,涵盖中国古代哲学、历史、文学、佛学、医学等各个方面。"文库"精选具有传世价值的经典作品及最佳底本，广邀大陆及港澳台专研精深的学者予以导读、赏析和点评，力图为今天的读者搭建一条沟通古代经典与现代生活的桥梁。

传承文化，责任綦重。成书过程中，我们一直诚惶诚恐，每一本作品都经历了往复讨论、不断修订、几易其稿的过程是艰辛的。幸而有一群学养一流、恳切热忱的作者共襄盛举。他们都是本研究领域的专家、名家，却以一种谦慎的姿态来配合出版方，或说是满足当今读者的要求。他们在反复比较中精选最优底本，采撷精华章节，并参酌其他版本厘定字句乃至标点、读音等细节；特别是为配合普通读者、年轻读者的阅读口味，更力求导读清新流畅、赏析扼要浅白，很多导读读来如一篇优美晓畅的散文，许多点评则令人会心一笑，心有戚戚焉。他们的细致、负责，满溢着对传统文化的热爱以及对传承文化的热切，使人感佩。

悠悠五载，五十册图书终于全部呈现给读者。令我们欣慰的是，丛书陆续推出后，受到了读者的持久欢迎，尤其是每年在香港书展上，都会有不少读者特别是中学生前来问询、购买；同时，这套书也荣幸地被中信出版社看中并引进到内地，出版简体字版本，惠及广大内地读者。

不过，由于编辑学养有限，不免挂一漏万，一些细心的读者给我们写来了邮件，指出错漏。这令我们既感激，又惭愧，唯有及时修订、精益求精，用更负责任的态度和更大的热忱，来回报读者，反馈社会。

为令读者更高效、便捷阅读此套丛书，吸收传统智慧，本局将这五十五本经典的导读抽出，结集为一套四册的《经典之门：新视野中华经典文库导读》系列，分为"先秦诸子""哲学宗教""历史地理""文学"等篇。这套书又被华夏出版社引进到内地。如果说"新视野中华经典文库"是我们希望给读者开启一扇通往古代经典的大门的话，那么这些导读所构成的"精华中的精华"，则是开启这扇经典之门的钥匙。

香港中华书局编辑部
二〇一九年一月